Ingrid Guntenhöner

Zeit und Wandel

Bewegtes Leben in bewegter Zeit

ISBN: 978-3-937772-27-1
1. Auflage September 2013
Lektorat: Ruth Damwerth

Bahnhofstraße 1
48291 Telgte
www.biografieverlag.de
Einbandgestaltung: Atelier für Gestaltung Stefanie König, Köln

Herstellung: books on demand GmbH Norderstedt

Ingrid Guntenhöner

Zeit und Wandel

Bewegtes Leben in bewegter Zeit

*biografie*VERLAG
ruth damwerth

Inhaltsverzeichnis

„Das war eine Herrlichkeit."
Kindheit von 1929-1941

Als ich ein Kind war, stellte das Freibad in den Ruhrwiesen bei Herdecke den Gipfel meiner Seligkeit dar. In den großen Ferien waren wir dort von morgens bis abends, Mutter packte uns Brote und zu Trinken ein und manchmal machte sie sich sogar selber mit uns auf den 45minütigen Fußmarsch und legte sich auf eine Decke in die Sonne. Voll war es dort nie, in der Regel waren höchstens vier oder fünf Kinder im Wasser und auch auf der Liegewiese war reichlich Platz. Schwimmen gehen war nicht sehr verbreitet und wenige Eltern konnten Zeit oder Geld aufwenden, um ihren Kindern dieses Vergnügen zu ermöglichen. Ich selber konnte daher auch nicht schwimmen, liebte es aber, im großen Becken zu planschen.
Eines Tages geriet ich, ohne es zu merken, zu nahe an den Schwimmerbereich, wo der Beckenboden ganz plötzlich absackt. Ich ging unter, bekam keine Luft mehr und sank langsam auf den Beckengrund. Es gab einen Moment, in dem mir blitzartig klar wurde: „Jetzt sterbe ich." Diese Erkenntnis war vollkommen eindeutig, aber nicht mit Angst verbunden. Nachdem ich das zu Ende gedacht hatte, lief plötzlich mein ganzes kurzes Leben in Details vor mir ab, von Station zu Station. Dabei sah ich die einzelnen Begebenhei-

ten nicht wie auf einer Kinoleinwand vor mir, das war mehr ein inneres Erleben.

Ich saß nochmal bei meiner Großmutter in Hagen im Schaufenster ihres Blumenladens auf einem Fußbänkchen inmitten all der Kübel mit bunten Schnittblumen und winkte den Passanten der belebten Haupt-straße freundlich zu. Diese Besuche bei meiner Großmutter waren Höhepunkte für mich. Ich schlief warm an Tante Käthe gekuschelt in deren Bett. Wenn ich morgens runterkam, lange nachdem sie aufgestanden war, hatte meine Oma schon Kakao für mich gekocht und frische Brötchen besorgt, etwas, was ich von zu Hause gar nicht kannte. Trotzdem hielt ich es nie lange am Frühstückstisch aus, denn vor der riesigen Küche lag der Verkaufsraum, durch eine Tür von dort zugänglich. Wenn es schellte, weil Kunden den Laden betraten, ging meine Oma hinüber und ich rutschte von meinem Stuhl und lief hinterher. Ich blieb jedoch nicht bei ihr hinter der Verkaufstheke stehen, über die ich kaum drüber schauen konnte. Meine Oma hatte ein Fußbänkchen ins Schaufenster gesetzt, mitten in die Blumen. Das war mein Platz, ich schaute auf dieses Straßenleben, das ich so gar nicht kannte, mit Straßenbahn, mit vielen Passanten, von denen etliche vor dem Fenster stehen blieben und winkten. Wunderbar! Meine Oma konnte sich derweil in Ruhe der Kundschaft widmen.

Ich tobte noch einmal mit den anderen Dorfkindern. Wir trafen uns jeden Nachmittag: Verstecken, Räuber und Gendarm, Bäumeklettern. Bei allen Unternehmungen war ich eine der wildesten. In der Nähe unseres Dorfes gab es einen Steinbruch, in dem viele aus dem Ort arbeiteten. Am späten Nachmittag, wenn das Gelände verlassen da lag, liebten wir es, dort zu spielen. An den Rändern des Steinbruches hingen Drahtseile von oben auf den Boden der tiefen Grube. Eines Tages griff ich mir eins und begann, hochzuklettern. Die Jungen sammelten sich unter mir und staunten: „Bist du sicher, dass du das schaffst? Hast du gar keine Angst?“ Nein Angst hatte ich nicht, kannte ich als Kind einfach gar nicht. Ich empfand noch einmal den Stolz, als ich mich oben über die Kante rollen konnte und es geschafft hatte. Man musste sich immerhin mit den Armen hochziehen und mit dem Beinen gleichzeitig Abstand zur scharfkantigen Felswand halten. Nach mir kamen dann auch etliche Jungs hochgeklettert. Ich stieg auch in jedem Baum bis in die oberste Spitze, während mein großer Bruder Wilhelm von unten zusah.

Ich erinnerte mich, dass ich zu einem Weihnachtsfest mit fünf oder sechs Jahren einen Puppenwagen samt Puppe bekommen hatte. Ich bestaunte sie, setzte sie ganz liebevoll auf das Sofa und da saß sie Monate später immer noch – es sei denn, mein Bruder hatte sie sich zwischendurch geholt. Er hatte eine Eisenbahn zum Aufziehen bekommen. Er hatte Angst davor, der Lärm verschreckte ihn und er fand es unheimlich, dass sie sich von alleine bewegte. Jedenfalls spielte ich nach kürzester Zeit mit seiner Bahn und er mit der Puppe.

Ich empfand noch einmal, wie sehr ich darunter litt, „nur" ein Mädchen zu sein. Dabei wurden Wilhelm und ich sehr gleichmäßig behandelt, ich kann das an keinem konkreten gegenteiligen Erlebnis festmachen. Aber trotzdem hatte ich permanent das Gefühl, benachteiligt, weniger wert zu sein. Vielleicht lag es daran, dass ich ständig zu hören bekam, ich wäre wohl besser ein Junge geworden oder an mir sei ein Junge „verloren gegangen". Irgendwie nagte der Gedanke in mir, in könnte ein unerwünschtes Mädchen sein. In meiner Vorstellung war Wilhelm als Junge das wichtigere Kind, ich lief mehr so mit. Hinzu kam, dass ich als junges Kind zwar wild, aber anderen Menschen gegenüber sehr zurückhaltend war, während mein Bruder sich nicht hoch auf den Baum traute, aber jedem Verwandten sofort um den Hals fiel und daher viel Zuneigung erntete.

Ich freute mich noch einmal über die Tüte aus braunem Papier, die meine Großmutter aus Hagen mir zum ersten Schultag mitgebracht hatte, gefüllt mit Schokolade, Bonbons und Keksen. Schultüten waren nicht üblich, weil die meisten kaum Geld hatten. Ich hatte daher nicht damit gerechnet und freute mich umso mehr - über die Tüte, aber auch darüber, dass meine geliebte Oma da war. Das beschäftigte mich wesentlich mehr, als die Schule selber, die zumindest an diesem Tage keinen bleibenden Eindruck bei mir hinterließ.

Ich erlebte noch einmal, wie ich eines Nachts aufwachte, weil ich auf die Toilette musste. Ich stieg aus dem Bett, meine Zehen krampften sich auf dem kalten Dielenboden zusammen, angelte im Dunklen nach meinen Pantoffeln, lief zur Tür, neben der sich der Lichtschalter befand - und knallte gegen eine Wand. Das konnte doch gar nicht sein! Nochmal probierte ich es, lief aber wieder gegen die Wand. Verwirrt streckte ich die Hand aus, ertastete den Bettpfosten und verkroch mich unter die Decke, zum Überlegen. Hier stand mein Bett, der Kleiderschrank im rechten Winkel dazu und daneben war die Tür. Ich musste also ein Stück geradeaus laufen, dann rechts abbiegen, genauso, wie ich es die ganze Zeit getan hatte. Wiederum streckte ich die Hand aus, fühlte nach dem Kleiderschrank, tastete mich daran entlang, bog an seinem Ende zur Tür ab - und lief wieder vor die Wand. Plötzlich wurde mir klar, was geschehen war: Meine Mutter hatte, entweder direkt bevor ich schlafen gegangen war, ohne dass ich das richtig realisiert hatte, vielleicht aber auch erst, nachdem ich schon im Bett lag, mal wieder die Möbel umgestellt. Das tat sie so häufig, dass sie eine ganz eigene Technik dafür entwickelt hatte: Sie sammelte alte Speckschwarten, die sie unter die Möbel klemmte und damit relativ einfach verschieben konnte. Langsam wurde der Druck auf meine Blase unangenehm, also beschloss ich, mich an den Wänden entlang bis zum Lichtschalter vorzutasten. Endlich hatte ich ihn erreicht, konnte mich orientieren und rasch zur Toilette laufen. Es gab in unserem Haus, ganz fortschrittlich, ein Wasserklosett, das im Parterre lag und von allen Mietparteien genutzt wurde.

Dieses nächtliche Erlebnis war nicht so ungewöhnlich. Es war mir auch schon passiert, dass ich aus der Schule nach Hause kam, selbstbewusst unsere Wohnung betrat, nur damit mir jemand „Fremdes" aus unserer Küche entgegenkam und erklärte: „Ihr wohnt nicht mehr hier, sondern im Erdgeschoss!" - oder im ersten Stock oder im Dachgeschoss…

Meine Mutter liebte es nicht nur, innerhalb der Wohnung umzuräumen, wir zogen auch ständig um. Wir wohnten in einem ungewöhnlich großen Doppelhaus, dessen eine Hälfte meiner Mutter gehörte. Die andere Haushälfte besaß ihre große Schwester, Tante Elfriede, unsere „Tatta", wie wir sie nannten, weil Wilhelm als kleines Kind das Wort Tante nicht hatte aussprechen können. Jede Haushälfte bestand aus drei Wohnungen, zu denen jeweils zwei Zimmer und eine große Wohnküche gehörten. Alle Etagen waren gleich aufgeteilt, selbst das Dachgeschoss, in dem die Zimmer jedoch alle Schrägen hatten. Wir haben in allen Wohnungen wiederholt gewohnt, auch unter dem schrägen Dach, selbst in „Tattas" Haushälfte. Meine Mutter ging das ganz diplomatisch an und schwärmte den jeweiligen Mietern vor, wie wunderbar diese oder jene andere Wohnung im Haus im Vergleich zu ihrer war und wie schön es doch für die Mieter sein würde, dorthin umzuziehen. Dabei waren die Wohnungen alle baugleich und da natürlich alle ihre Möbel mitnahmen, sah es in der „neuen" Wohnung nie viel anders aus, als in der alten, man hatte bloß die Etage gewechselt! Nach einiger Zeit kannten die Mieter das schon. Mutter hat es immer verstanden, einen von ihnen, einen gewissen Herrn Kehl, dafür zu gewinnen, die Lampen umzuhängen und anzuschließen, mein Vater machte das schon lange nicht mehr. Herr Kehl brachte dann einen Kollegen mit und montierte die Lampen nach den Vorstellungen meiner Mutter. Ich erinnerte mich an eine Situation, in der die beiden Männer auf Leitern standen und der Kollege von Herrn Kehl mit der Aufhängung nicht ganz zufrieden war, weil noch ein Stück Kabel hervorschaute. Er wiederholte immerzu: „Das sieht man doch, das sieht man!" Herr Kehl erwiderte: „Ach August, ist schon gut so, in vierzehn Tagen hänge ich das sowieso wieder ab."

Ich weiß nicht mehr, wie ich aus dem Wasser gekommen bin, ob mich jemand rausgezogen hat, ob ich von alleine an den Rand gekommen bin, wie lange ich dort gelegen habe - ich weiß es nicht mehr. Meine Erinnerung setzt erst wieder ein, als ich langsam, zögernd Richtung Liegewiese lief. Ich war erfüllt von der Bedeutung dessen, was ich gerade erlebt hatte. Ich war fast gestorben und es war gar nicht schlimm oder beängstigend gewesen. Das war ein ganz großes Gefühl, das mich packte, als ob mir jemand gerade einen besonderen Schatz anvertraut hätte. Es war ein ganz wesentlicher Moment in meinem Leben.
Ich habe das Bild meiner Mutter noch heute vor Augen, wie sie sich auf ihrer Wolldecke sonnte, eine resolute Person. Ich stand vor ihrer Decke, betrachtete sie und plötzlich war mir klar: „Ich kann Mutti nichts davon erzählen, die wird es nicht verstehen, vielleicht sogar lachen." Sie hat von diesem Erlebnis, das mich so geprägt hat, nie erfahren.

Meine Mutter, Hildegard Nettmann, genannt Hilde, Jahrgang 1907, war das dritte von fünf Kindern. Ihre Mutter stammte von einem münsterländischen Bauernhof. Nachdem diese ihren Erbteil ausgezahlt bekommen hatte, hatte sie sich in einem völlig unbedeutenden Örtchen namens Kirchende eine kleine Gaststätte gekauft. Langsam aber sicher entwickelte sich das unbedeutende Örtchen zu einem beliebten Ausflugsziel der umliegenden Orte Dortmund, Wuppertal, Witten und Hagen und die Gaststätte wurde durch eine Bäckerei mit Café und Außencafé ergänzt. Das Unternehmen florierte, auch nachdem meine Großmutter heiratete und Kinder bekam. Ungewöhnlich für die Zeit war sicherlich, dass mein Großvater Wilhelm Nettmann seine Frau völlig gewähren ließ, was ihr Unternehmen anging. Er selber war Maschinenbaumeister in Hagen, musste morgens um fünf Uhr aufstehen, um zu Fuß, mit dem Zug und der Straßenbahn zu seinem Arbeitsplatz zu gelangen, und kümmerte sich nicht um die Gastwirtschaft. Beide verdienten gut, mein Großvater wurde sogar zur Montage nach Russland geschickt, da herrschte keine Geldknappheit und die Haushaltsführung war großzügig.

Meine Mutter besuchte die Volksschule. Für Mädchen, selbst wenn sie gute Schülerinnen waren, war der Besuch einer höheren Schule eher unüblich, zumal die nächste Oberschule in Hagen nur sehr umständlich zu erreichen war. Nachdem sie aus der Schule entlassen worden war, half die Vierzehn-, Fünfzehnjährige zu Hause und in der Gastwirtschaft. Aber in dieser Zeit starb ihre Mutter. Mein Onkel übernahm die Wirtschaft, aber es wurde sehr bald deutlich, wie

sehr meine Großmutter die Seele des Unternehmens gewesen war. Nicht allzu lange nach ihrem Tod schloss auch der Gasthof.
Meine Mutter zog nach Hagen, wo ein entfernter Verwandter eine Gastwirtschaft betrieb, und begann, dort zu arbeiten. Schräg gegenüber dieser Gastwirtschaft an der Langen Straße in Hagen-Wehringhausen lag das Blumengeschäft der Eltern meines Vaters.

Mein Vater, Heinz Opitz, 1902 geboren, war das zweitjüngste von neun Kindern, zwei Töchter und sieben Söhne. Seine Eltern waren aus Sachsen gebürtig. Sein Vater, Wilhelm Opitz, stammte wohl aus einer verarmten Adelsfamilie, die den Titel verkauft hatte. Auch seine Mutter, eine geborene Marie André, die mit den Hugenotten aus Frankreich nach Sachsen gekommen war, stammte aus gutem Hause, sie war sehr gebildet und an einem der sächsischen Höfe Gouvernante gewesen. In Hagen betrieben sie eine etwas außerhalb liegende Gärtnerei und das an der Hauptstraße des Ortsteiles Wehringhausen liegende Blumengeschäft. Mein Großvater kümmerte sich mit einigen Gesellen und Lehrlingen um die Gärtnerei. Diese Arbeit, mit wenig Kontakt nach außen, kam seinem reservierten Wesen sehr entgegen. Ich habe ihn nur von weitem erlebt, weil ich immer Angst vor ihm hatte. Wenn ich meinem Großvater die Hand geben musste, tat ich es mit weit ausgestrecktem Arm, um den Abstand zu wahren. Später habe ich gehört, dass viele Leute sich vor ihm fürchteten, er war sehr unnahbar, wohl auch sehr bestimmend den Mitarbeitern gegenüber. Meine Großmutter „schmiss" hingegen den Laden und hielt Kontakt zu den Kunden, verkaufte die selbstgezogenen Blumen ihres Mannes und nahm Bestellungen für Beerdigungskränze, Blumenschmuck für Hochzeiten, Gestecke für festliche Feiern aller Art entgegen. Obendrein hielt sie in der Gemeinde Vorträge und war allgemein als kluge Frau bekannt.

Ich hatte, ungewöhnlich für die damalige Zeit, zwei fähige Unternehmerinnen als Großmütter. Leider war die Mutter meiner Mutter ja schon vor meiner Geburt gestorben und ich musste mich mit Geschichten über sie und ihre Gastwirtschaft zufrieden geben. Umso mehr liebte ich die Mutter meines Vaters.

Obwohl meine Großeltern sicherlich gut verdienten, war das Geld bei so einer großen Familie trotzdem knapp und nur für die ältesten drei Söhne konnte das Schulgeld für die Oberschule aufgebracht werden. Mein Vater besuchte die Volksschule und machte anschließend eine Lehre im Bereich Maschinenbau. Er war jung genug, um im ersten Weltkrieg nicht mehr eingezogen zu werden, aber drei seiner Brüder fielen, alle drei innerhalb des Jahres 1917.

Als junger Maschinenbauer wohnte mein Vater noch zu Hause und lernte so eines Tages die neue Mitarbeiterin und Haustochter der Gastwirtschaft schräg gegenüber kennen.

Heinz und Hilde verliebten sich ineinander und heirateten 1926, sie „mussten" heiraten. 1927 wurde mein Bruder geboren und nach seinen beiden Großvätern Wilhelm genannt. Die junge Familie wohnte in ein oder zwei Zimmern im Kirchender Elternhaus meiner Mutter, der ehemaligen Gastwirtschaft, die reichlich Platz bot. Ich vermute, dass sie dort wohnten, um Geld zu sparen, denn mein Vater hatte dadurch einen sehr langen Arbeitsweg. Er musste zunächst eine halbe Stunde zum Bahnhof laufen, mit der Bahn nach Hagen fahren, den Weg mit der Straßenbahn nach Haspe fortsetzen und nochmal ein Stück laufen.

Geld sparen war wichtig, denn mein Großvater plante, die Gastwirtschaft zu verkaufen, von dem Erlös drei seiner Kinder auszuzahlen und für die übrigen zwei, Hilde und Elfriede, ein Grundstück in Kirchende zu kaufen um dort ein Doppelhaus zu errichten. Es war klar, dass die Summe, die meiner Mutter zustand, nicht ausreichte, ihre Hälfte komplett zu finanzieren und meine Eltern einen Großteil der Raten würden selbst tragen müssen. So war Geld von Anfang an knapp.

Ich wurde am 6.1.1929 schon in dem neuen Haus geboren, das etwa 300 Meter von dem übrigen Dorf entfernt auf freiem Feld stand. Wie meine Eltern auf den Namen Ingrid gekommen waren, weiß ich nicht. Offensichtlich gefiel er ihnen einfach, denn es gibt keine familiären „Vorläufer".
Egal auf welcher Etage wir gerade wohnten, zentral in jeder Wohnung war die große Wohnküche, in der wir mehr oder weniger lebten. Dort wurde gekocht, gegessen, Wilhelm und ich fertigten später dort unsere Schularbeiten an, am Samstagabend badeten alle dort in der großen, unter der Woche im Keller gelagerten Wanne, das ganze Familienleben fand dort statt. Vom Kochherd bis zum über Eck dazu liegenden Spülstein war alles etwa zwei Meter hoch weiß gekachelt. Neben einem sehr großen Küchenschrank standen in der Küche ein Tisch mit einem Küchensofa und drei Stühlen.
An diesem Tisch mit der abwischbaren Wachstuchtischdecke nahmen wir alle Mahlzeiten zu uns, morgens Brot mit Marmelade, mittags oft Eintöpfe, seltener Fleisch, Kartoffeln und Gemüse, wobei dann immer das größte Stück Fleisch für meinen Vater an die Seite gelegt wurde, abends wieder Brote und Muckefuck. Wurst und Käse waren teuer, die gab es meist nur an Sonn- und Feiertagen und auf dem Schulbrot. Ansonsten gab es auch abends Marmelade, die Mutter selber einkochte und die daher immer reichlich

vorhanden war und dick aufs Butterbrot geschmiert werden durfte. Auch wer zwischendurch Hunger bekam, am Nachmittag, schmierte sich ein Marmeladenbrot.
Der Herd wurde mit Holz angefeuert und mit Kohle betrieben. Diese aus dem Keller zu holen, gehörte neben Abtrocknen zu Wilhelms und meinen regelmäßigen Aufgaben. Außerdem mussten wir die Kohlen, wenn sie vom Händler vor dem Haus abgekippt worden waren, mit Eimern in den Keller tragen, was ich ganz ungerne tat. Aber natürlich genoss ich die von den Kohlen produzierte Wärme in unserer Küche, dem einzigen geheizten Raum unserer Wohnung. Daneben gab es noch das Schlafzimmer meiner Eltern und das Kinderzimmer, in dem mein Bruder und ich schliefen, in dem lediglich ein einfacher Kleiderschrank und zwei Betten standen. An unsere gemeinsame Zeit kann ich mich jedoch nur ganz schwach erinnern, denn ziemlich bald nahmen meine Eltern ein Zimmer von anderen Mietern dazu, ich wanderte dahin aus und fand es ganz toll, dass ich einen Raum für mich hatte. Dabei habe ich mich fast nie darin aufgehalten, dafür musste das Wetter schon ganz schlecht sein, tiefster Winter. Wenn ich gezwungen war, im Haus zu sein, spielte ich mit meiner besten Freundin Annelotte, die in der Haushälfte meiner Tante wohnte, Phantasiespiele, Prinz und Prinzessin. Ich war natürlich der Prinz. Auf das Prinzessinnen-

Eines der ganz wenigen Bilder aus meiner Kindheit. Ich kann mich nicht erinnern, dass irgendjemand einen Fotoapparat besaß oder Bilder aufgenommen wurden.

dasein legte ich wenig Wert. Annelottes Vater war Bahnarbeiter. Wie ich den geflüsterten Unterhaltungen meiner Mutter und „Tatta“ entnahm, war er gar nicht wirklich ihr Vater, sondern hatte ihre Mutter geheiratet, als Annelotte schon auf der Welt war, was damals sehr verpönt war. Annelotte und ich hingen ständig zusammen, waren aber selten alleine. Meistens liefen wir zusammen ins Dorf, wo wir uns mit allen anderen trafen und draußen spielten.

Mein Vater nahm die Umzugswut meiner Mutter hin. Er unterstützte sie zwar nicht, meine Mutter musste immer jemand anderen finden, der ihr bei besonders schweren Möbelstücken half oder Lampen umhängte, aber er erhob auch keinen Einspruch. Ich nehme an, das hing damit zusammen, dass er eigene Sorgen hatte und selten zu Hause war. Entweder arbeitete er, dann war er viel auf Montage und für längere Zeit unterwegs, oder er war arbeitslos, dann war er auf Stellensuche. Es war die Zeit der großen Arbeitslosigkeit, auch mein Vater musste sehr um Arbeit kämpfen.

Zu Beginn der dreißiger Jahre ging er nach Argentinien, wo eine Schwester meiner Mutter mit ihrem Mann lebte und ihm einen Arbeitsplatz verschafft hatte. Es war geplant, dass wir nachkommen sollten, aber dann kam Hitler an die Macht. Er veranlasste, dass zahlreiche Ausländer entlassen wurden, damit

Deutsche auf deren Stellen kamen. Daraufhin entließen die Argentinier alle Deutschen und mein Vater verlor seine Stelle. Er hatte aber ohnehin nach einem Jahr Abwesenheit fürchterliches Heimweh, nicht nur nach uns, auch nach Hagen und Kirchende, und kam wieder nach Hause. Er bekam ziemlich bald eine Stelle in seiner alten Firma, vertraute aber nicht so ganz darauf, dass das so bleiben würde und besuchte daher zusätzlich die Maschinenbauschule in Hagen, um seinen Meistertitel zu erwerben. Meine Mutter war dagegen, sie befürchtete, er würde das nicht durchhalten. Er hatte ja aufgrund der weiten Wege ohnehin einen sehr langen Arbeitstag, da waren die zusätzlichen Kurse abends eine große Belastung. Es gefiel ihr auch nicht, dass er so selten zu Hause war. Aber mein Vater hielt und zog die Maschinenbauschule durch und wurde Meister, was ihm die spätere Arbeitssuche wirklich erleichterte.

Vielleicht war mein Vater auch nachsichtig mit der Umzieherei meiner Mutter, weil er etwas wusste, was mir als Kind verborgen blieb. Ich bekam natürlich mit, dass sie manchmal einige Tage krank war und im Bett blieb, allein schon deswegen, weil ich dann mehr Aufgaben im Haushalt übernehmen musste: Tischdecken, Abwaschen und so etwas. Die Ursache kannte ich aber nicht und habe erst viel später erfahren, dass meine Mutter sechs oder acht Fehlgeburten erlitt.

Meine Mutter erledigte die gesamte Hausverwaltung selber und arbeitete viel im Garten, der ein reiner Nutzgarten war. Lediglich an einem Drahtzaun rankten ein paar Blumen hoch, das war die einzige Zierde. Gemüse, Kartoffeln, Beeren, alles ernteten wir aus eigenem Anbau. Zwar hatte meine Mutter jemanden, der ihr bei den schweren Arbeiten half, aber vieles machte sie selber, ernten, hunderte Gläser Marmelade einkochen. Das alles reichte jedoch nicht aus, ihre rastlose Energie aufzubrauchen.
Andere Frauen mit ihrem Tatendrang hätten sich vielleicht in der Kirche engagiert, aber damit hatten meine Eltern nichts am Hut. Ich war als Kind höchstens zur Konfirmation einer Cousine oder zu einer Hochzeit in der Kirche. Zu solchen Anlässen wurde meine Mutter manchmal engagiert, um zu singen. Sie hatte eine wunderbare Stimme. Das waren die einzigen Gelegenheiten, bei denen sie eine Kirche von innen sah. Die Kirche fiel als Betätigungsfeld daher weg und etwas anderes gab es in Kirchende mit seinen 250 oder 300 Einwohnern nicht. Es gab in den ersten Jahren, die wir dort lebten, ja nicht mal einen Laden und auch keine Schule.
Für meine Mutter war es daher sicherlich eine willkommene Abwechslung, als sich nach 1933 endlich etwas tat im verschlafenen Dorf. Die NS-Frauenschaft lud zu Vorträgen ein, auch für Kinder gab es Angebote. Sehr bald entwickelte sich das Haus, in

dem sich die NS-Organisationen trafen, die NS-Frauenschaft, das Jungvolk, der BDM und die Hitlerjugend, zum Zentrum des Ortes, später zog sogar die Volksschule hier ein. Die Frauenschaft lud ein- oder zweimal im Monat zu Vorträgen ein, die offensichtlich von der Leiterin immer gut vorbereitet und interessant waren. Meine Mutter genoss diese Abende und begann, sich dort stärker zu engagieren. Ich bin gar nicht sicher, ob ihr von Anfang an bewusst war, dass sie damit politisch aktiv wurde. Die Themen, die dort besprochen wurden, hatten ja eine große Bandbreite und deckten alle möglichen Bereiche ab. Auch Mütterschulungskurse für Erstgebärende, Fragen zur Haushaltsführung, Krankenpflege usw. gehörten dazu. Für sie war das eine Möglichkeit, aktiv zu werden und sie sah darin eine Chance, vorwärts zu kommen im Leben und in der Gesellschaft. Bald strebte sie an, die Leitung der NS-Frauenschaft zu übernehmen.

Uns schickte sie auch in die entsprechenden Kindergruppen. Ich besuchte schon mit sechs oder sieben Jahren einmal in der Woche die Vorläufer zu den Jungmädeln, die sogenannte Kükengruppe. Mir gefiel es dort sehr, wir spielten viel, meist draußen, was ich sowieso am liebsten mochte, oder sangen. An ideologisch geprägte, langweilige Stunden kann ich mich nicht erinnern, dann wäre ich wahrscheinlich auch nicht mehr zu den Treffen gegangen.

Der Ehrgeiz meiner Mutter hatte für meinen Bruder und mich unvorhergesehene Konsequenzen, denn es gab noch eine zweite Aspirantin auf den Posten der Frauenschaftsführerin: Die Frau des Lehrers für die erste bis vierte Klasse.

Oberhalb von Kirchende, Richtung Witten, gab es eine Ansammlung einiger Häuser, eine Bauernschaft, die „Auf dem Schnee“ hieß. Dort lag unsere Schule, die ehemalige Bauernschaftsschule. Wir Kinder trafen uns im Dorf und liefen zusammen dorthin. Der Weg machte uns gar nichts aus, ganz im Gegenteil. Wir spielten unterwegs und hatten Spaß. Wilhelm und ich hätten direkt von zu Hause aus dort hinlaufen können, das wäre kürzer gewesen. Aber auf die Idee kamen wir nie! Wir sind jeden Tag ins Dorf gelaufen und haben uns mit den anderen auf dem Kirchplatz getroffen. Es war immer ein gutes Dutzend Kinder, das zur Volksschule musste; wir liefen gemeinsam vom Kirchplatz eine lange Treppe runter, durch ein Wäldchen im Tal und einen langen Fußweg auf der anderen Talseite wieder hoch, insgesamt waren wir eine gute halbe Stunde unterwegs. Kurz vor der Schule stieß dieser Fußpfad auf die Landstraße nach Witten, die wir noch ein paar Minuten entlang liefen. Jeder von uns trug einen Tornister auf dem Rücken, auch ich hatte zur Einschulung Ostern 1935 einen Lederranzen bekommen. Keinen von den teuren, die aus einem Stück gefertigt waren, sondern einen, der aus mehreren Lederflicken zusammengesetzt war und wie ihn die meisten Kinder besaßen. Ohne Ranzen kam niemand, so arme Familien gab es im Dorf wohl nicht. Alle Mädchen trugen eine ordentliche, schön gestärkte Schürze, die galt als Aushängeschild für einen ordentlich geführten Haushalt. Mindestens einmal pro Woche wurde sie gewechselt.

Die Volksschule „Auf dem Schnee“ erkannte man schon von Weitem als Schule: Ringsum im Parterre waren fast über die ganze Länge der Schule Fenster, also konnten nur große Klassenräume dahinter liegen. Auf der einen Seite befand sich der Raum für die 1. bis 4., auf der anderen Seite der für die 5. bis 8. Klasse. Der Lehrer für die jüngeren Kinder wohnte mit seiner Frau im ersten Stock des Gebäudes. Sie war auch Lehrerin, übte ihren Beruf als verheiratete Frau aber nicht aus. In unserem Raum saß die erste Klasse vorne links, die zweite vorne rechts, die dritte dahinter und die vierte hinter der ersten. Es saßen zwischen 70 und 80 Kinder in einem Klassenraum und trotzdem war es dort mucksmäuschenstill, denn wir hatten alle Angst vor dem Lehrer, weil er schlug.

Ich saß mit meinem zwei Jahre älteren Bruder in einem Klassenraum. Kurz nach meiner Einschulung wurde Wilhelm aufgefordert, aufzustehen. Hatte er etwas ausgefressen? Ich musste auch aufstehen und hatte mir ganz sicher nichts zu Schulden kommen lassen. Wir mussten zwanzig Minuten stehen bleiben und die ganze Klasse, alle Schüler des ersten bis vierten Jahrgangs, wurden aufgefordert, uns auszulachen. Ich biss die Zähne zusammen und weinte nicht, erst als die Schule zu Ende war, verkroch ich mich irgendwo und dort, wo mich niemand mehr sehen konnte, weinte ich bitterlich. Irgendwie ahnte ich, dass diese Behandlung damit zusammenhing, dass meine Mutter und die Frau des Lehrers sich aus einem mir unklaren Grund nicht mochten, das hatte ich durch Gespräche am Küchentisch mitbekommen. Was sich genau dahinter verbarg, verstand ich erst viel später. Aber man kann sich vorstellen, dass ich nicht so furchtbar gerne zur Schule ging. Hin- und Rückweg waren bei Weitem das Beste, auch die Pausen waren ganz gut. Der große Schulhof bestand zu einem Drittel aus einer großen Wiese. Eine Klassenkameradin wollte immer Mutter und Kind spielen, sie war so ein mütterlicher Typ. Obwohl wir gleich alt waren, hatte sie mich als Kind auserkoren, sie bemutterte mich und ich fand es wunderschön. Das war wohl das einzige Mal, dass ich solche Mädchenspiele mitgemacht habe. Ich war immer ihre Tochter, wurde verhätschelt und umsorgt, das gefiel mir und tat mir sehr gut. Bei Regenwetter bzw. im Winter aßen wir unser Brot im Klassenraum, da machte die Pause nicht halb so viel Spaß.

Auch meine Leistungen waren zunächst nicht besonders. In Rechnen war ich immer gut, das flog mir so zu, aber mit dem Lesen hielt es sich in Grenzen, bis ich zu Anfang des zweiten Schuljahres sehr krank wurde. Ich musste wochenlang im Halbdunkel liegen. Ob das die Krankheit wirklich erforderte, oder ob das damals einfach üblich war, weiß ich nicht mehr. Zwischendurch kam meine geliebte Großmutter zu Besuch und brachte ein Märchenbuch mit, die Märchen von Hans Christian Andersen, aus dem sie mir vorlas. Nach ihrer Abreise musste ich mich wieder langweilen. Irgendwann hielt ich das nicht mehr aus und knipste einfach das Licht an. Das Märchenbuch lag noch dort. Ich griff danach, obwohl ich erst die einzelnen Buchstaben gelernt hatte und noch nicht richtig lesen konnte. Aber nun, in dem Bett, begann ich, mir genauer anzusehen, wie aus den Buchstaben wohl Wörter wurden. Für die erste Seite brauchte ich bestimmt eine Stunde, so mühsam war das Zusammenziehen der einzelnen Buchstaben. Auch weiterhin ging es langsam, ganz langsam, aber von Seite zu Seite wurde ich schneller und als ich nach einigen Wochen Krankheit wieder in die Schule kam, war ich nicht nur die beste, sondern auch die hungrigste Leserin.

Ich freute mich riesig, wenn ich ein Buch geschenkt bekam und lieh mir regelmäßig Bücher von den anderen Kindern aus, las, was ich eben bekommen konn-

te. Eine Bücherei gab es in unserem kleinen Dorf leider nicht.
Im vierten Schuljahr begann ich, mich immer stärker in der Schule zu langweilen. Wir wiederholten mehr oder weniger, was wir schon in der dritten Klasse gemacht hatten. Oft hatten wir Aufgaben zu erledigen, das ging ja nicht anders, da der Lehrer sich immer nur einem Jahrgang zur Zeit widmen konnte. Ich wurde immer schneller fertig, hatte immer mehr Zeit, bis der Lehrer sich uns wieder zuwandte, und langweilte mich entsetzlich. Manchmal sollten die Schüler, die ihre Aufgaben bereits fertig hatten, mit Erstklässlern üben; besonders gute Schüler auch mit Zweitklässlern. Aber das füllte die „leere Zeit" auch nicht immer ausreichend aus. In meiner Not kam ich auf die Idee, ein Buch von zu Hause „einzuschmuggeln". Unter der Platte unserer Schultische befand sich ein flaches Fach für den Tornister, da legte ich es rein. Johanna Spyri habe ich gerne gelesen, das war meine Lieblingsschriftstellerin. Wenn ich meine Aufgaben fertig hatte, ließ ich das Buch aus dem Fach auf meinen Schoß gleiten und las. Ich tat das heimlich, obwohl der Lehrer doch eigentlich nichts dagegen haben konnte. Ich hatte meine Aufgaben erledigt, störte niemanden und Lesen musste doch in seinem Sinne sein. Weit gefehlt. Als der Lehrer mir das erste Mal den Rohrstock über die Schultern zog, wusste ich ein für allemal, dass private Lektüre verboten war. Leider war das im Sommer,

ich trug keinen dicken Pullover sondern nur ein dünnes Blüschen und spürte die Wucht der Schläge unvermindert. Danach saß ich wieder in meiner Bank, langweilte mich und wusste nichts mit mir anzufangen. Irgendwann waren die Schmerzen vergessen oder die Langeweile quälte schlimmer, jedenfalls brachte ich mir wieder ein Buch von zu Hause mit und las es heimlich. Als ich diesmal ertappt wurde, waren die Schläge so hart, dass ich weinen musste. Danach habe ich mich nie wieder getraut, Lektüre einzuschmuggeln.
Auch meine Hausaufgaben gingen mir flott von der Hand, wobei ich ehrlich zugeben muss, dass ich ohnehin nur die schriftlichen erledigte. Wenn wir etwas auswendig lernen, lesen oder im Kopf üben sollte, habe ich das nie gemacht und schon gar nicht habe ich über die Aufgaben hinaus freiwillig geübt. Ich hatte es aber auch nicht nötig. Ich ließ den Stift fallen, raus, alle treffen und den ganzen Nachmittag draußen toben, das war eine Herrlichkeit.

Meine Wildheit trug mir allerdings die ein oder andere Tracht Prügel von meiner Mutter ein. Einmal in der Woche war es sicherlich soweit, dass einer von uns Geschwistern sich über den Stuhl legen musste und den Hintern versohlt bekam. Die Gründe waren unterschiedlich, bei mir war es meist meine wilde und ungebändigte Art. Wenn sich jemand beschwerte, weil ich im Eifer des Gefechts des Räuber und Gendarm-Spiels durch seinen Garten gelaufen war, nicht anständig gegrüßt hatte oder was auch immer, setzte es auf jeden Fall Schläge. Einmal saß ich oben in einem Baum, als das Jungvolk auf dem Dorfplatz zusammenkam. Wilhelm war Jungvolkführer und führte seine Schar an. Ich konnte mich nicht beherrschen und rief ihm ein freundlich-schwesterliches „Eierkopp!“ hinterher. Wie meine Mutter davon erfahren hat, weiß ich bis heute nicht. Sie wusste es schon, als ich nach Hause kam und wartete mit Prügel auf mich. Manchmal denke ich, sie reagierte sich mit den Schlägen auch irgendwie ab. Gespart hat sie damit jedenfalls nicht. Einmal hatte Wilhelm eine geniale Idee. Wenn das nächste Mal einer von uns verhauen würde, sollte der andere ins Treppenhaus laufen und mitschreien. Das wirkte hervorragend, weil meine Mutter natürlich nicht wollte, dass die anderen Hausbewohner von unserer Züchtigung erfuhren. Von da an wurden die Schläge seltener und immer häufiger durch Ohrfeigen ersetzt. Angenehm waren die auch nicht.

Mein Vater schlug nie, sondern hielt eher die Hand über mich. Das führte sicherlich zu gewissen Spannungen zwischen meinen Eltern, wie auch ihre unterschiedlichen Einstellungen zu den Nazis, aber wirklich gestritten wurde bei uns zu Hause nur ums Geld. Geld war immer knapp. Zum einen musste noch das

Haus abbezahlt werden, vor allem aber war meine Mutter aus ihrer Jugend eine großzügige Haushaltsführung gewöhnt und war selber entsprechend freigiebig mit der Haushaltskasse, egal ob es um Essen, Kleidung oder sonstigen Bedarf ging. Ab und zu hielt ein Wagen vor unserer Tür, der alle möglichen Dinge verkaufte, die es im Lebensmittelgeschäft nicht gab, Haushaltswaren, schöne Tücher und so etwas. Da schlug meine Mutter immer ganz schön zu. Zu meinem großen Leidwesen bekam ich trotzdem nur selten Neues. Ich hatte eine zwei Jahre ältere Cousine, deren Mutter eine geschickte Näherin war und deren abgelegte Sachen ich grundsätzlich weitertrug. Wenn es aber mal vorkam, dass ich z.B. Schuhe brauchte, fuhren wir grundsätzlich vom Bahnhof Herdecke aus nach Hagen zum Einkaufen. Da kannten meine Eltern sich aus, die Auswahl war größer, als wenn man in Herdecke blieb, und wir konnten die Großeltern besuchen. Wenn meine Mutter sich dann wieder zu hohen Ausgaben hatte hinreißen lassen, krachte es zu Hause.

Etwa zu der Zeit, als ich eingeschult wurde, öffnete in Kirchende ein Lebensmittelladen. Die Freude, nicht mehr so weit laufen zu müssen, erfasste das ganze Dorf, alle waren glücklich. Von nun an schickte Mutter mich häufiger, wenn es etwas zu besorgen galt. Ich betrat den großen Raum und wartete vor der großen, einmal um neunzig Grad abgewinkelten Theke, bis ich an der Reihe war. Alle Waren standen in dem Bereich hinter der Theke, davor standen nur die Kunden. War ich an der Reihe, reichte ich Mutters Einkaufszettel hinüber und die Waren wurden zusammengestellt. Später las ich vor, was ich holen sollte. Nur Brot gab es in diesem Laden zunächst nicht, das musste nach wie vor von dem anderen, etwa eine halbe Stunde Fußweg entfernten Laden geholt werden. Vom Schulweg aus war es nur ein kleiner Abstecher dorthin und meist kauften wir Brot auf dem Weg von der Schule nach Hause ein. Ärgerlich war, wenn Mutter zu spät daran dachte und uns erst nachmittags losschickte, Brot zu holen, dann mussten wir den ganzen Weg nochmal laufen und waren eine Stunde unterwegs. Später führte auch das Lebensmittelgeschäft im Ort Backwaren, das war eine Erleichterung.

Von meiner schulischen Langeweile vorübergehend erlöst wurde ich, als mein Vater für sechs Monate als Montageleiter nach Weinböhla in Sachsen geschickt wurde, ein Ort in der Nähe von Meißen. Meine unternehmungslustige Mutter beschloss, dass wir ihn dorthin begleiten würden. Wir mieteten zwei Zimmer im Haus einer Familie unter, eines für meine Eltern, eines für Wilhelm; ich schlief mit den beiden Töchtern unserer Vermieter in einem Raum. Mein

Bruder ging nach Meißen zur Oberschule, ich besuchte die Volksschule im Ort. Irgendwie war der Unterricht dort interessanter, vielleicht lag das aber auch nur daran, dass der Lehrer mich den anderen Kindern immerzu als Vorbild darstellte. Sie sollten darauf achten, wie ich spräche, das sei Hochdeutsch, danach sollten sie sich richten. So fühlte ich mich nicht nur als Schülerin, sondern ein kleines bisschen auch als Hilfslehrerin. Vor allem aber gab es in Weinböhla eine Leihbücherei, wo ich viel Lektüre fand und auch die ersten dicken Romane auslieh. In wunderbarer Erinnerung habe ich außerdem einen Ausflug mit dem Schiff über die Elbe zu den Karl-May-Festspielen in Rathen.

Nach einem halben Jahr kehrten wir nach Kirchende zurück. Da ich mittlerweile zehn Jahre alt geworden war, wechselte ich aus der Kükengruppe zu den Jungmädeln. Die Mitgliedschaft war nun Pflicht, ich wäre aber auch freiwillig hingegangen. Andere Freizeitangebote für Kinder oder Jugendliche gab es ja nicht. Die Leiterin unserer Jungmädelschar war drei oder vier Jahre älter als wir und besuchte das Gymnasium. Unsere Abende begannen grundsätzlich mit einigen Liedern, die ich gerne sang.

Einige von ihnen haben sich mir so eingeprägt, dass ich heute noch den Text kenne, z.B.:

Alle stehen wir verbunden unter unserem Fahnenschein.
Da wir uns als Volk gefunden steht nicht einer mehr allein.
Alle stehen wir verpflichtet Gott dem Führer und dem Blut.
Fest im Glauben aufgerichtet, froh im Werk, dass jeder tut.
Alle wollen wir das eine, Deutschland, du sollst leuchten steh´n.
Wollen in deinem hohen Scheine unser aller Ehre seh´n.

An politisch wichtigen Tagen sangen wir immer:

Deutschland, heiliges Wort,
du voll Unendlichkeit.
Über die Zeiten fort
seist du gebenedeit.
Heilig sind deine Seen,
heilig dein Wald
und der Kranz deiner stillen Höh´n
bis an das grüne Meer.

Keine von uns fragte, was gebenedeit bedeutete, dabei glaube ich nicht, dass irgendjemand das wusste, wahrscheinlich nicht einmal die Führerinnen. Oft gesungen haben wir auch:

Siehst du im Osten das Morgenrot,
ein Zeichen zur Freiheit zur Sonne.
Wir halten zusammen, ob lebend, ob tot,
mag kommen, was immer da wolle.
Warum jetzt noch zweifeln? Hört auf mit dem Hadern.

Noch fließt uns deutsches Blut in den Adern.
Volk ans Gewehr, Volk ans Gewehr

Wir Jungen und Alten, Mann für Mann,
umklammern das Hakenkreuzbanner.
Ob Bauer, ob Bürger, ob Arbeitsmann,
sie schwingen das Schwert und den Hammer,
für Hitler, für Freiheit, für Arbeit und Brot.
Deutschland, erwache, ende die Not.
Volk ans Gewehr, Volk ans Gewehr

Ich liebte diese Lieder, sie bewegten mich mit ihren eingängigen Melodien und ich fühlte mich sehr eins mit den anderen, die mit mir sangen. Besonders gerne mochte ich das Lied „Hohe Nacht der klaren Sterne." Ich dachte nicht über die Inhalte nach, sondern nahm sie als gegeben hin, als wahr, als der Hintergrund, vor dem sich unter Leben abspielte. Ich glaubte, dass wir bedroht wurden von allen Seiten, dass unser einziger Ausweg auf Dauer darin bestand uns zu wehren und irgendwann Krieg zu führen. Ich kannte es ja nicht anders. Wir hörten das in der Schule, es stand so in den Zeitungen. Auch meine Mutter redete positiv über die Nazis, auch wenn sie sich mit den Inhalten eher wenig beschäftigte. Im Rückblick denke ich, dass sie zunächst sehr naiv war. Die Abende der NS-Frauenschaft waren für sie reine Unterhaltung, mit dem, was dahinter stand, befasste sie sich kaum.

Sie war aber auch opportunistisch genug, zu erkennen, dass sich hier eine Chance für sie bot, gesellschaftlich nach vorne zu kommen und Anerkennung zu finden, und diese Möglichkeit wollte sie auf jeden Fall nutzen, nicht nur für sich selber, auch für uns Kinder. Und ich denke, irgendwann hat sie angefangen, den Nazis Glauben zu schenken.

Der einzige, der anders redete, war mein Vater. Er schimpfte furchtbar, aber eigentlich auch nicht gegen die Nazis als solche, sondern ausschließlich gegen einen möglichen Krieg. Für ihn als den Bruder dreier gefallener Soldaten aus dem Ersten Weltkrieg war Krieg das Schlimmste überhaupt, er hatte einfach aus erster Hand erfahren, wie viel Leid und Elend dieser mit sich bringt. Vor allem, wenn Nachrichten im Rundfunk kamen, die auf einen möglichen Krieg hindeuteten, konnte er regelrecht die Beherrschung verlieren und fürchterlich schimpfen. Meine Mutter bekam manchmal Angst, weil wir einen Mann im Haus wohnen hatten, der meinem Vater nach einer seiner Antikriegstiraden mal mit einer Anzeige gedroht hatte. Sie nannte ihn einen „Hundertprozentigen“. Ich wusste nicht genau, was das sein sollte, sah aber, dass er fast immer SA-Uniform trug. Ich verstand, warum mein Vater Krieg ablehnte, aber obwohl ich ein enges Verhältnis zu ihm hatte, war seine Stimme, zumal er so selten da war, doch nur ein geringes Gegenge-

wicht gegenüber dem, was ich von allen anderen Seiten hörte.
Außerdem gefiel es mir bei den Jungmädeln einfach so gut - und was hatten unsere harmlosen Gruppenstunden schon mit Krieg zu tun? Die Absicht dahinter, die gewünschte Beeinflussung, durchschaute ich mit meinem zehn Jahren nicht, gerade deswegen war sie ja auch so wirksam. Heute denke ich, die Nazis müssen hervorragende Psychologen gehabt haben.
Im Sommer wurde viel Völkerball gespielt und Sport getrieben, wir bereiteten uns z.B. auf die Reichsjugendspiele vor. Ich liebte das, bewegte mich ja sowieso gerne und war auch sehr sportlich, erntete daher viel Anerkennung. Im Winter spielten wir drinnen. Oft wurde dabei vorgelesen, meist nichts Politisches sondern aus Jugendbüchern, Mädchenbüchern. Häufig wurde ich gebeten, vorzulesen, weil ich gut lesen konnte und schön betonte. Auch hier bekam ich Anerkennung. Bei den Jungmädeln gab es erstmals auch Abende mit politischem Inhalt, Schulungsabende. Darunter darf man sich aber nicht zu viel vorstellen, unsere Führerinnen waren ja selber noch junge Mädchen. Da wurde nach dem Singen mal ein patriotisches Gedicht aufgesagt oder ein Zeitungsartikel vorgelesen, das war´s. Also, ich fühlte mich da sehr sehr wohl.

Am 1. September 1939 waren Wilhelm und ich mal wieder im Freibad in Herdecke, ich glaube, es waren noch Sommerferien. Als wir das Schwimmbad verließen, kamen einige Kinder auf uns zugelaufen und riefen aufgeregt: „Es ist Krieg, es ist Krieg!“ Alle sprachen durcheinander, es gab ein ziemlich großes Theater auf der Straße. Mein Bruder rief spontan aus: „Endlich mal was Anderes!“ Und so ähnlich empfand ich das auch: Endlich passierte mal was. Ohne auch nur eine Ahnung zu haben von Politik, von Krieg, was das überhaupt bedeutete, fand ich das erstmal eine spannende Abwechslung. Auch die Lehrer in der Schule, die bald danach wieder anfing, redeten nur positiv über den Krieg und auch davon, dass wir den Krieg ja nicht begonnen hatten, wir hatten uns nur gewehrt. Es hieß immer „ab soundsoviel Uhr wird zurückgeschossen“. Es wurde nie gesagt, wir sind dort einmarschiert, nein, es wurde „zurückgeschossen“. Das hieß für mich als Kind ganz klar: Die haben angefangen, wir haben uns nur gewehrt.

Und so direkt bekamen wir vom Krieg erstmal gar nichts mit. Als Maschinenbaumeister war mein Vater in der Lage, die Aufgaben eines Ingenieurs zu übernehmen, als viele seiner Kollegen und Vorgesetzten eingezogen wurden. Später wurde er darum immer von seiner Firma „reklamiert“, also für unabkömmlich erklärt, und wurde nie Soldat.
Andere Ereignisse prägten das Frühjahr 1940 für mich viel stärker, als der frisch begonnene Krieg.

Kurz nachdem ich elf Jahre alt geworden war, starb meine Großmutter. Das war ein herber Verlust für mich, ich hatte sie sehr lieb gehabt und von ihr Zuwendung bekommen, auf die ich zu Hause bzw. bei meiner Mutter vergeblich wartete. Da sie sich bei ihren Besuchen in Kirchende immer so besonders wohl gefühlt hatte, wurde sie auch auf ihren Wunsch hin im Dorf beerdigt.
Zur gleichen Zeit dachten meine Eltern darüber nach, mich auf eine Höhere Schule wechseln zu lassen, da ich eine gute Schülerin war. Die nächstgelegene Oberschule war die Aufbauschule in Herdecke, die im Gegensatz zum Gymnasium erst nach der sechsten Volksschulklasse einsetzte. Das hatte den Vorteil für weniger betuchte Eltern, dass man zwei Jahre Schulgeld sparte und für die Kinder, dass man schon etwas älter war, wenn man den weiteren Schulweg zurücklegen musste. Wilhelm ging nicht auf diese Aufbauschule, sondern besuchte seit dem vierten Schuljahr das Gymnasium in Hagen, was mit einem ungeheuren Aufwand verbunden war. Erst lief er zu Fuß nach Herdecke, fuhr von dort mit dem Zug nach Hagen und lief dann noch sicher eine halbe Stunde bis zu seiner Schule, einer reinen Jungenschule.
Normalerweise wechselte man nach der sechsten Klasse auf die Aufbauschule, aber da bei uns der Unterricht sowohl für die dritten und vierten als auch für die fünften und sechsten Jahrgänge ziemlich iden-

tisch war, und meine Eltern miterlebt hatten, wie sehr ich mich in der vierten Klasse gelangweilt hatte, beschlossen sie, mich bereits nach der fünften Klasse wechseln zu lassen. Ich musste eine schriftliche Aufnahmeprüfung in Deutsch und Mathematik, sowie eine mündliche Prüfung in Heimatkunde ablegen. Man hatte mir vorher gesagt, dass ich dafür lernen sollte, denn Heimatkunde wurde bei uns auf der Volksschule nicht unterrichtet. Wir hatten wirklich nur zwei Schulfächer: Rechnen und Schreiben. Also hatte ich mir die unterschiedlichsten Sachen im Atlas angeschaut und eingeprägt, z.B. wo die deutschen Flüsse mündeten, ob in die Ost- oder Nordsee und welche Städte dort in der Nähe lagen. Aber die Lehrer der Aufbauschule fragten ganz etwas anderes, wovon ich keine Ahnung hatte. Ich war so stolz auf das, was ich gelernt hatte, dass ich antwortete: „Das weiß ich nicht, aber ich weiß, dass…“ und mein ganzes Wissen über Flüsse und ihre Mündungsorte heraussprudelte. Alle lachten furchtbar und ich hatte die Prüfung bestanden. So wechselte ich zu Ostern 1940 von der fünften Klasse Volksschule in die siebte Klasse der Aufbauschule und war von da an immer die Jüngste. Nun musste ich jeden Morgen eine Dreiviertelstunde durch Wald und Wiese nach Herdecke laufen, was mir nichts ausmachte. Aber ich war immer alleine, die Gruppe, die den Weg zur Volksschule so unterhaltsam gestaltet hatte, vermisste ich sehr. Ein zweites Kind aus dem Dorf war auf die Aufbauschule gewechselt, aber zum einen war es regulär aus der sechsten Klasse gewechselt, war also älter als ich, und außerdem war es ein Junge! Mit dem ging ich doch nicht! Wir hatten auch nicht wirklich den gleichen Weg, da er am anderen Ende des Dorfes wohnte. Auf dem Rückweg ergab es sich manchmal, dass ich den ersten Teil der Strecke mit einem Bauernsohn, der an meinem Schulweg wohnte, bis zu seinem Hof zurücklegte.

Auf der Oberschule habe ich mich sofort wohler gefühlt, als in der Volksschule. Alleine schon die vielen interessanten Fächer: Englisch, Deutsch, Naturwissenschaften, Geschichte. Besonders Deutsch und Geschichte entwickelten sich zu meinen absoluten Lieblingsfächern. Der Geschichtsunterricht war natürlich stark nationalsozialistisch gefärbt, aber da ich keine Vergleichsmöglichkeiten hatte, fiel mir das nicht auf. Stattdessen träumte ich mich in die mittelalterlichen Geschichten, sah mich als Prinzessin auf dem Schloss oder als Knappe an der Seite eines mutigen Ritters.

Für den Deutschunterricht nahm mich ein prägendes Erlebnis ein: Wir hatten einmal ein wirklich langes Gedicht auswendig zu lernen gehabt. Ich wurde am folgenden Tag von der Lehrerin aufgerufen, es aufzusagen, was ich mit Hingabe tat. Erstmal konnte ich es mir besser einprägen, wenn ich es betonte, zum anderen war es für mich selbstverständlich, dass man ein Gedicht nicht einfach nur runterleierte. Als ich geendet hatte, brach die Klasse in spontanen Applaus aus. Das hatte es noch nie gegeben und von da an geschah es einige Male, wenn die Lehrerin für die letzte Stunde vor den Ferien nichts mehr vorbereitet hatte oder es sich nicht lohnte, in den letzten Minuten einer Stunde ein neues Thema anzufangen und sie uns fragte, was wir denn tun wollten, dass jemand aus der Klasse rief: „Ingrid soll ein Gedicht aufsagen."

Mein Schulwechsel hat zu einer Distanz zu den anderen Kindern des Dorfes geführt, die Zeiten des wilden, ausgelassenen Herumtobens am Nachmittag, diese selige Herrlichkeit, war vorbei. Das war nicht absichtlich, das ergab sich einfach aus dem unterschiedlichen Zeitrhythmus, den wir seither hatten. Mal hatten sie mehr Hausaufgaben auf, wenn ich schon draußen war und wartete, meistens hatte ich mehr auf. Schließlich gab es in jedem Fach Aufgaben und die erledigte ich auch gewissenhaft, nicht direkt gerne, aber auch nicht widerwillig. Es gehörte eben dazu.

Vielleicht trug aber auch das zunehmende Alter zu unserer Entfremdung bei. Ich erinnere mich, dass ich einmal in dem Baum saß, der vor unserem Haus an der Straße stand. Der Ast, auf dem ich saß, ragte über die Straße hinweg und bot hervorragende Aussicht. Von dort sah ich einen Beerdigungszug auf mich zukommen. Es war bei uns üblich, dass der Leichnam von zu Hause auf den Friedhof überführt wurde, ein solcher Zug war daher keine Seltenheit. Ich dachte bei mir: „Bloß nicht bewegen, sonst sehen dich alle!“ Zum ersten Mal war es mir peinlich, in einem Baum sitzend „erwischt“ zu werden. Also blieb ich ganz still und reglos sitzen, aber einer sah mich doch, guckte hoch, alle anderen folgten seinem Blick und ich schämte mich ganz furchtbar. Ich ging doch immerhin schon zur Oberschule.

„Aber du gehörst hierhin!“

Schülerin auf der Napola Kolmarberg 1941-1945

Ich weiß nicht mehr genau, wann meine Mutter eines Abends ganz elektrisiert von einem Treffen der Frauenschaft nach Hause kam, es muss im Frühjahr oder Frühsommer 1941 gewesen sein, denn ich war zwölf Jahre alt. Sie hatte dort einen Vortrag über eine neue, im Aufbau befindliche Schule für Mädchen in Luxemburg gehört. „Da melden wir dich an!“, rief sie enthusiastisch aus. „Wenn du die Aufnahmeprüfung bestehst, hast du später ganz tolle berufliche Aussichten.“ Sie schwärmte mir weiter vor von dieser Schule, sie sollte in einem Schloss untergebracht sein, die Schülerinnen dürften Auslandsreisen machen – also das hörte sich für mich mehr nach Märchen als nach Schule an. Ohnehin kam das für mich sehr überraschend, ich war ja gerade erst vor einem Schuljahr auf die Aufbauschule gewechselt und war lediglich eine mittelgute Schülerin. Außerdem hatte ich schon mal davon gehört, dass die NS-Regierung solche Eliteschulen für Jungs eingerichtet hatten, davon gab es eine ganze Reihe, aber für Mädchen? Davon hatte ich noch nie gehört.[1] Ich wusste auch nicht so recht, was ich davon halten sollte. Fest stand, dass ich in Kirchende kaum noch Freundinnen hatte, seit ich die

[1] Anmerkungen am Ende dieses Kapitels S. 88

Schule gewechselt hatte. Das war schon ein Bruch gewesen, ich war das einzige Mädchen aus dem Dorf, das zur Aufbauschule ging, da hatte schon eine Trennung stattgefunden. Manchmal empfand ich das so, dass mit dem Schulwechsel auch meine eigentliche Kindheit zu Ende gegangen war. Wenn ich drüber nachdachte, fiel mir niemand ein, mit dem ich über diese Pläne sprechen konnte oder wollte.

Aber mit zwölf Jahren macht man ja ohnehin, was die Eltern einem sagen, also fuhr ich einige Zeit später im August mit meiner Mutter nach Luxemburg. Sie hatte inzwischen in Erfahrung gebracht, dass es zwei solcher „Nationalpolitischen Erziehungsanstalten", im Volksmund „Napola" genannt, für Mädchen gab. Eine lag an der Ostgrenze des „Großdeutschen Reiches" in Hubertendorf und Türnitz, zwei Orte in der Nähe von Wien, die andere nahm gerade an der Westgrenze in Kolmarberg[2] in Luxemburg den Betrieb auf. Die Schule in Hubertendorf-Türnitz war wesentlich älter. Als Starthilfe für den Aufbau der neuen Schule in Luxemburg war eine Klasse aus Hubertendorf nach Luxemburg umgezogen, eine neunte. Für die achte hatte man sich neu anmelden können.

1941 war außerdem das Jahr, in dem die Nazis den Schuljahresbeginn reichseinheitlich statt zu Ostern auf die Zeit nach den Sommerferien umgelegt hatten. Das neue Schuljahr und damit der Betrieb der neuen Schule hatten also erst vor Kurzem begonnen.

Mutter und ich fuhren gemeinsam mit dem Zug dorthin. Wenn ich daran zurückdenke…

Schon die weite Bahnfahrt war etwas ganz Besonderes. In Köln, Trier und Luxemburg-Stadt mussten wir umsteigen, bis wir in Kolmarberg ankamen. Endlich liefen wir auf die Schule zu, also auf das Schloss, die Sommerresidenz der Luxemburger Großherzogsfamilie, und das war einfach beeindruckend, wunderschön.[3]

Mit mir kamen dreizehn weitere Mädchen als Nachzüglerinnen zu der Prüfung. Wir wurden für eine Woche wie reguläre Schülerinnen aufgenommen, wohnten im Internat und nahmen am Unterricht teil; erst am Ende dieser Woche fanden die eigentlichen Prüfungen statt. Das hing wohl damit zusammen, dass wir aus allen Teilen Deutschlands kamen, von überall her, aus Süddeutschland, dem Ruhrgebiet, Ostpreußen, Schlesien, eine kam sogar von Norderney[4]. Wir wurden daher nicht über vorhandenes Wissen geprüft, was ja sehr unterschiedlich sein konnte, sondern über das, was wir in dieser Woche gelernt hatten. Ich fühlte mich, obwohl jünger[5], im Kreis der Mädchen sofort sehr wohl und fand es einfach toll, auf dem Schloss zu wohnen. Das war, als ob meine Träume aus dem Geschichtsunterricht, wenn ich mich als Prinzessin oder Knappe auf eine Burg geträumt hatte, wahr geworden waren. Während es mir vorher egal gewesen war, ob ich die Prüfung bestand, ich wäre auch gerne wieder mit meiner Mutter nach Hause gefahren und weiter zur Aufbauschule gegangen, wollte ich jetzt hier bleiben.

Meine Mutter wohnte in dieser Woche in dem einzigen Hotel, das es in dem kleinen Örtchen gab, so wie alle anderen Mütter auch. Sie wussten vor uns, welches Mädchen wieder mit nach Hause fuhr und wer dort bleiben durfte. Wir selber merkten es eher an den Reaktionen der anderen, das Ergebnis der Prüfungen wurde nicht laut verkündet, nur jeder Einzelnen mitgeteilt. Ich wurde gemeinsam mit zwei anderen Mädchen angenommen, allerdings haben die beiden anderen das Probehalbjahr nicht bestanden, so dass ich die Einzige war, die auf Dauer von uns dreizehn übrigblieb.

Heute frage ich mich, ob es neben dem Ergebnis der Prüfungsarbeiten noch andere Kriterien gab, die über die Aufnahme entschieden. Bei den Jungen-Napolas gehörte z.B. eine Mutprobe als wichtiger Bestandteil mit zur Aufnahmeprüfung. So etwas gab es bei uns nicht, aber wir nahmen in unserer Probewoche natürlich auch am reichlichen Sportunterricht teil und wenn dort eine solche Mutprobe integriert gewesen sein sollte, hätte ich das unter Umständen gar nicht als solche wahrgenommen. Klassische Mutproben, an einem Seil hochklettern z.B. und von weit oben abspringen, machte ich ja sofort, da kannte ich keine Angst.[6]

Nachdem ich aufgenommen war, bekam ich einen Brief von meinem Vater, der mir mitteilte, dass ich gegen seinen Willen an der Prüfung teilgenommen habe. Er sei dagegen, dass ich die Napola besuche, verbiete mir den Besuch nur deswegen nicht, weil er mir meine Zukunft nicht verbauen wolle. Auch er sei davon überzeugt, dass die Abiturientinnen dieser Schule später bevorzugt würden und im Leben weiter kämen. Dieser Brief hat mich sehr berührt, ich fand es bewegend, dass mein Vater in erster Linie mein Wohlergehen im Blick hatte und dafür sogar seinen Widerwillen gegen die so stark nationalsozialistisch geprägte Schule überwand.
Aufgrund der bescheidenen finanziellen Situation meiner Eltern hatte ich eine Freistelle in Kolmarberg. Meine Eltern mussten lediglich dafür sorgen, dass ein vom Haus geführtes Taschengeldkonto, von dem ich Briefmarken und ähnliches bezahlen konnte, immer auf einem Stand von zwanzig Reichsmark war.

Nun war ich eine echte Schloss-Bewohnerin! Die beiden Klassen belegten verschiedene Etagen bzw. Teile von Etagen, alle Räume konnten wir gar nicht nutzen, auch in den kommenden Jahren nicht, als weitere Jahrgänge dazukamen. Unsere Klasse war ganz oben untergebracht, wir konnten das üppige Treppenhaus nehmen oder mit dem Fahrstuhl hochfahren. Wir schliefen in der Regel in Dreibettzimmern, große Zimmer mit reichlich Platz in denen drei Einzelbetten standen. Einmal war ich für ein halbes Jahr in einem Vierbettzimmer untergebracht. Fast zu jedem Schlafzimmer gehörte ein Badezimmer, das war ein ganz besonderer Luxus. Wer hatte denn zu Hause schon ein Badezimmer? Unser Kirchender Wasserklosett war ja schon fortschrittlich. Standard waren zu dieser Zeit nach wie vor ein Plumpsklo und morgendliches Waschen in der Küche. Und hier hatten wir zu dritt, viert oder sechst ein Badezimmer, sogar mit Dusche! Die meisten Räume, die wir für die Schule nutzten, hatten eine neue, moderne Einrichtung. Neben den Schlafräumen und Klassenzimmern gab es mehrere gemütliche Aufenthaltsräume. Außerdem gab es den Festsaal, ein Saal mit einem außergewöhnlichen, spiegelblanken Fußboden und Marmordecken, die im Schein zahlreicher Kristallleuchter glänzten. Hier hatte wohl die herzogliche Familie ihre Feste gefeiert und auch wir nutzten den Saal nur zu besonderen Anlässen. Daran schloss sich der Speisesaal an, ein riesiger, wunderschöner Raum mit zwei Tischen, einem kleineren für 15 oder 20 Personen in einem Erker und einem großen im Hauptraum. Die Erzieherinnen, wie unsere Lehrerinnen genannt wurden[7], hatten hier ihre festen Plätze und wir Schülerinnen rutschten jede Woche einen Platz weiter, so dass wir mit jeder Erzieherin mal zusammen waren. Um den Speisesaal zog sich eine wunderbare große Terrasse, die den Schlosspark überblickte. Auf der anderen Seite einer kleinen Straße, die zum Schloss hinführte, lagen Treibhäuser und Gärtnereien sowie ein kleines Schwimmbad im Stil einer Orangerie gehalten.

Mit wem man auf einem Zimmer wohnte, wurde von der Anstaltsleitung festgelegt und von Zeit zu Zeit geändert, aber wir verstanden uns alle gut und hatten keinerlei Zickenkrieg untereinander. Zu meiner besten Freundin entwickelte sich rasch Esther Müller, ein hochmusikalisches Mädchen aus Leverkusen und ich freute mich, als wir für ein halbes Jahr in einem Zimmer wohnten. Aber ich hatte zu allen Mädchen einen guten Draht und kam mit allen aus.

Der Schultag auf dem Schloss, also sechs Tage von montags bis samstags, begann früh, zwischen sechs und halbsieben Uhr. Um halbsieben mussten alle noch vor dem Frühstück im großen Innenhof zum Fahnenappell antreten, ordentlich aufgereiht im Karree. Während die Hakenkreuz- Flagge feierlich hochgezogen wurde, sangen wir eines der vielen Lieder aus unserem BDM-Liederbuch. Ein halbes Jahr lang gab es noch vor dem Fahnenappell Frühsport, das kam mir sehr entgegen. Im Turnzeug runter, durch die ausgedehnten Parks, am See entlang, das war für mich eine wunderschöne Art, den Tag zu beginnen. Jede Klasse hatte ihre eigenen Wege. Aber die Erzieherin-

© bpk / Liselotte Purper (Orgel-Köhne)

Nichts beherrschte das NS-Regime so gut, wie Propaganda in eigener Sache. So wurde die „Bildberichterstatterin" Liselotte Purper (Orgel-Köhne) 1941 und 1944 in die Napola Kolmarberg geschickt, um dort stimmungsvolle Bilder der schulischen Bildung der zukünftigen Frauenelite einzufangen. Soweit das heute nachzuvollziehen ist, wurden jedoch in erster Linie gestellte Fotografien, auf denen die Mädchen einer im Schulalltag eher unüblichen „weiblichen Aktivität" nachgingen, in Zeitschriftenreportagen veröffentlicht. Die hier abgebildeten, wesentlich authentischeren Aufnahmen blieben ungedruckt.

nen, mussten halt immer mitlaufen und ich vermute, dass diese nach einiger Zeit keine Lust mehr dazu hatten, da wurde der Frühsport eingestellt.
Nach dem Fahnenappell wurde im Speisesaal gefrühstückt, das Küchenpersonal hatte gedeckt, alles war reichlich vorhanden. Es gab Getreidekaffee in großen Kannen, die wir uns hin- und herreichten, Brot, Butter, Marmelade und Käse. Ob es morgens auch Wurst gab, weiß ich nicht mehr, weil ich die zum Frühstück nicht mochte und daher nicht genommen hätte. Alles war reichlich und wurde für uns fertig zubereitet und hinter uns wieder aufgeräumt, wir brauchten uns in keiner Weise zu beteiligen. So etwas wie Küchendienst gab es zumindest in den ersten Jahren nicht. Das betonte die Anstaltsleiterin bei ihren zahlreichen Ansprachen auch immer wieder, wie gut wir es hatten, wie sehr wir bevorzugt wurden und das kann ich nur bestätigen.
Um acht Uhr begann der Unterricht im Schloss. Unser Unterricht verlief parallel zum Unterricht in den Gymnasien, das weiß ich, weil ich die Lehrbücher zum Teil schon von meinem Bruder kannte. Zusätzlich hatten wir viel Sport. Die Inhalte aller Fächer orientierten sich streng an den allgemeinen Vorgaben und waren so wenig auf mädchenspezifische Themen ausgerichtet, dass wir uns regelrecht wunderten, als wir mal ein halbes Jahr Handarbeit und Kochen[8] hatten oder im Sportunterricht Volkstänze einübten. Unsere

beide Bilder: © Deutsches Historisches Museum, Berlin, L. Orgel-Köhne.

Physik- und Mathematikunterricht

Klassen waren klein, nicht zuletzt, weil eine kontinuierliche Auslese stattfand. Wenn jemand die geforderten Leistungen nicht mehr brachte oder gar sitzengeblieben wäre, kam er einfach aus den Ferien nicht wieder. So schrumpfte die Klasse; wir waren nach einiger Zeit nur noch sechzehn Mädchen. Das gleiche galt im Übrigen auch für die Lehrerinnen, die genauso wie Schülerinnen ein Probehalbjahr absolvieren mussten und anschließend manchmal einfach nicht wieder auftauchten.

Der Unterricht dauerte bis ein Uhr. Dann gab es Mittagessen, wieder war alles fertig für uns gerichtet. Das Essen war immer lecker und gut, in der Regel gab es Kartoffeln, Fleisch mit Soße und Gemüse oder Salat. Oft, aber nicht jeden Tag bekamen wir auch Nachtisch, Kompott oder Pudding.

Anschließend war Mittagspause. Diese hieß offiziell „Mittagsschlaf“, aber natürlich schlief niemand, alle lagen auf ihren Betten und lasen. Aber es hatte absolute Ruhe zu herrschen. Nach dem „Mittagsschlaf“ war „anzutreten zur Postverteilung.“ Danach begann unsere Freizeit und dann konnte ich gar nicht schnell genug in den Park kommen, wo ich zusammen mit einigen Klassenkameradinnen herumtollte, spielte. Es gab den oberen Park und darunter, durch eine schmale Straße getrennt, den unteren Park, den wir für Sportveranstaltungen nutzten. Hier waren Barren und Reck aufgebaut, es gab Anlagen für Weit- und Hochsprung

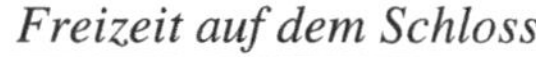

Freizeit auf dem Schloss

Lieblingsfach Sport

Bild oben und unten links: © Deutsches Historisches Museum, Berlin, L. Orgel-Köhne.

© bpk / Liselotte Purper (Orgel-Köhne)

und Laufen. Manchmal turnten wir, übten Springen oder wir spielten einfach nur Fangen und liefen kreuz und quer durch den Park. Einfach nur bewegen, miteinander Spaß haben, das war wunderschön. Nach der Freizeit, die dauerte, wenn ich das richtig erinnere, eine Stunde, kehrten wir in die Klassenzimmer zurück für die Studierzeit. Unter der Aufsicht unserer Klassenlehrerin, die vorne saß und Hefte korrigierte oder etwas anderes arbeitete, erledigten wir unsere Hausaufgaben oder lernten für Arbeiten. Schwätzen war natürlich nicht erlaubt, aber wir durften aufstehen und andere Schülerinnen nach etwas fragen; wir hatten ja schnell raus, wer besonders gut in Mathe, Physik oder Latein war und an wen man sich daher wenden musste, wenn man etwas nicht verstanden hatte. Zweimal in der Woche begann die Studierzeit etwas später, weil wir vorher noch zusätzlichen Sportunterricht hatten. Die Studierzeit endete kurz vor sechs Uhr. Punkt sechs Uhr mussten wir uns alle in einem riesengroßen Raum versammeln und Nachrichten hören, geschlossen, Anwesenheit war Pflicht. Die ganze Schule versammelte sich hier. An die Nachrichten schloss sich manchmal die Übertragung einer Hitlerrede an. Diese Zeit galt als Höhepunkt im Tagesablauf und wurde ganz streng gehandhabt. Wir hatten anwesend zu sein und uns still zu verhalten, damit alle den Rundfunk hören konnten. So nachsichtig, freundlich und zugewandt unsere Lehrerin-

nen sonst waren, an dieser Stelle verstanden sie keinen Spaß.
Wenn die Radioübertragung beendet war, gab es Abendbrot, Brot mit Aufschnitt, häufig ergänzt durch Kartoffelsalat oder so etwas, alles war immer gut zubereitet und reichlich.
Jeden Abend nach dem Essen gab es ein Zusammensein der Klasse. Wir hatten zu diesem Zweck zwei Aufenthaltsräume, wo man entweder noch Hausaufgaben machen konnte, wenn man in der Studierzeit nicht fertig geworden war, oder wo wir einfach zusammen sitzen und miteinander reden konnten. Unsere Klassenlehrerin nahm grundsätzlich an unseren abendlichen Zusammenkünften teil und hatte oft ein Spiel vorbereitet, ein Buch zum Vorlesen mitgebracht oder wir sangen, unterhielten uns über ein bestimmtes Thema oder „quaterten" einfach nur so, betrachteten gegenseitig unsere Strickzeuge und hatten es gemütlich.
Dieses abendliche Miteinander fiel nur aus, wenn wir BDM-Stunden hatten, aber das war selten, bei weitem nicht jede Woche. Wozu auch? Alle möglichen Inhalte von BDM-Stunden waren durch unsere Fahnenapelle, Radiohören, Lesungen unserer Klassenlehrerin, Ansprachen der Anstaltsleiterin usw. reichlich abgedeckt. Die Schülerinnen aus dem Jahrgang über uns fuhren regelmäßig nach Kolmarberg und leiteten dort Mädelscharen, aber dazu waren wir Achtkläss-

lerinnen noch zu jung. Der BDM spielte für uns also keine große Rolle[9].

Es gab zwei Tage in der Woche, an denen Einzelne aus der Klasse beim abendlichen Beisammensein fehlten. Dann standen entweder „Auswahlsport" oder „Auswahlsingen" auf dem Stundenplan, wo die besten Sportlerinnen bzw. die guten Sängerinnen jahrgangsübergreifend zusammenkamen und miteinander trainierten und übten. Ich nahm an beiden Veranstaltungen teil.

Vor dem Schlafengehen wurde die Fahne eingeholt. Dazu wurden, wie auch schon am Morgen, irgendwelche Sprüche aufgesagt, die mich nicht besonders beeindruckten. Das ging bei mir, wie bei heutigen Schülern auch, in ein Ohr rein und aus dem anderen wieder raus und ich habe keinen dieser Sprüche behalten, ganz im Gegensatz zu den Liedern, die mich stark beeindruckten und bewegten[10]. Jeden Abend sangen wir, während die Fahne langsam nach unten sank:

Wir holen die Fahne nieder,
sie geht mit uns zur Ruh
und morgen weht sie wieder
neuen Kämpfen zu.

Das war schon ein beeindruckender Schlusspunkt des Tages, eines Tages, der in der Regel unterhaltsam, lehr-

Beeinflussung durch Rituale, Lieder und Symbole: Morgenappell im Schlosshof

reich, mit leckerem Essen, viel Sport und Spaß in guter Gemeinschaft mit den anderen Mädchen verlaufen war – ich fühlte mich rundum wohl.

Sonn- und feiertags, wie z.B. „an Führers Geburtstag“, durften wir etwas länger schlafen. Nach dem Frühstück fand um halb elf eine Feierstunde im Aufenthaltsraum statt, unsere Klassenlehrerin las etwas vor, wir sangen Lieder, oft aus dem BDM-Liederbuch „Wir Mädel singen“, das natürlich viele nationalsozialistisch geprägte Lieder, aber auch sehr viele Volkslieder enthielt. Ich erinnere mich besonders an *„Komm lieber Mai und mache…“*, vielleicht war das ein Lieblingslied unserer Lehrerin. Den Rest des Tages hatten wir frei, wahrscheinlich, damit unsere Lehrerin auch mal Freizeit hatte. Sie war ja sonst nahezu ständig, von morgens bis abends mit uns zusammen. Am freien Sonntagnachmittag war ich meist mit Mitschülerinnen im Park, wo wir Verstecken spielten oder Räuber und Gendarm. Bei schlechtem Wetter saßen wir im Aufenthaltsraum, einige strickten, andere lasen, wieder andere unterhielten sich, so waren die Sonntage. Langsam, gemütlich aber nie langweilig.
Oft schrieb ich an diesen Nachmittagen nach Hause. Wenn wir nach dem Mittagsschlaf in einer Reihe zum Postempfang antraten, konnte ich mich drauf verlassen, dass ich mindestens einmal in der Woche dabei war. Das war ein Glücksmoment, wenn mein Name

aufgerufen wurde, jedes Mal, und es war sehr schön, dass ich nie darum bangen musste, weil meine Mutter zuverlässig schrieb. Sie hielt meine Verbindung nach Hause, erzählte, was in der Familie, im Haus, im Dorf passiert war. Ich glaube, ohne diese Post hätte ich die Trennung von zu Hause nicht so ohne weiteres verkraftet, aber nicht zuletzt wegen ihrer Briefe kannte ich vor allem in der ersten Zeit überhaupt kein Heimweh. Ich hatte es nicht immer leicht mit meiner Mutter, aber ihre vielen Briefe rechne ich ihr noch heute hoch an.
Noch etwas gab es, was meine Eltern mir in Kolmarberg ermöglichten: Ich durfte Klavierunterricht nehmen, der nicht in der Freistelle eingeschlossen war, sondern extra bezahlt werden musste. Damit schloss sich für mich eine kleine offene Wunde. Wilhelm durfte schon länger Klavierunterricht nehmen. Zum Üben ging er zu Tante Elfriede, da wir kein Klavier besaßen. Ich war immer etwas neidisch gewesen und empfand das als ungerechte Bevorzugung, obwohl mein Bruder im Gegensatz zu mir hochmusikalisch war. Das sollte sich jetzt bestätigen, denn anders als er kam ich auf dem Klavier nicht sehr weit.

Wir trugen keine Uniformen in der Schule, einige besaßen noch nicht mal eine BDM-Uniform, vor allem die beiden Mädchen aus Luxemburg, deren Väter im Ersten Weltkrieg als Soldaten dorthin gekommen waren, sich in Luxemburgerinnen verliebt hatten und dort geblieben waren. Es wurde gerne gesehen, wenn wir Dirndl trugen, aber Pflicht war das nicht. Bis auf die süddeutschen und die besser betuchten Schülerinnen besaßen die meisten von Haus aus keine Trachtenkleidung und unter den Bedingungen des Krieges konnte man auch nicht einfach in den nächsten Laden marschieren und Entsprechendes kaufen. Ich selber besaß natürlich auch kein Dirndl. Ich trug daher in der Regel normale Kleidung in der Schule, also Rock und Bluse oder ein Kleid. Meine Tante, die so gut schneidern konnte, nähte mir nach einiger Zeit etwas Dirndlähnliches, was ich aber nur zu besonderen Anlässen trug. Wenn offizielle Fotografen oder Reporter ins Schloss kamen, was regelmäßig der Fall war, wuchs der Druck, im Dirndl zu erscheinen und die Mädchen der Klasse, über die berichtet werden sollte, liehen sich Trachtenkleider in anderen Klassen oder von Mädchen, die zwei davon besaßen, so dass wir nach außen für die Zeit der Anwesenheit der Reporter ein einheitliches Bild abgaben.

Unsere Anstaltsleiterin kenne ich ausschließlich im Dirndl. Frau Dr. List war aber auch eine gebürtige Wienerin. Sie unterrichtete Mathe, Bio und Sport.

Ich glaube, ich gehörte später zu ihren Lieblingen, weil ich so eine gute Sportlerin war. Ich erinnere mich an eine Mathearbeit in der Untertertia. Frau Dr. List lief immer durch die Reihen, während wir schrieben, das war so ihre Art. Bei mir blieb sie stehen und sagte ganz laut: „Ich habe noch keine Arbeit gesehen, die ohne Fehler ist!“ Und ich war doch so sicher, alles richtig gemacht zu haben. Ich holte tief Luft und rechnete nochmal alles nach. Die Ergebnisse waren richtig. Ich grübelte und grübelte, bis ich darauf kam: Ich hatte bei einer Aufgabe vergessen hinter das kleine a die hochgestellte Zwei, „zum Quadrat“, zu schreiben. Ohne ihren Tipp hätte ich diesen Fehler nicht gefunden. Biologieunterricht hatten wir auch bei ihr und da mussten wir tatsächlich gegenseitig bestimmen, zu welcher Rasse wir gehörten. Natürlich hatten wir vorher reichlich Rassekundeunterricht gehabt und eingeschärft bekommen, dass es eigentlich nur die nordische Rasse war, die zählte, mit all ihren Vorzügen. Ich habe nur Bruchstücke davon behalten, z.B. dass hinter der nordischen angeblich die fälische Rasse kam, die sollte auch nicht schlecht sein, wies sogar mehr Standhaftigkeit und Festigkeit auf, dann die westische, noch eine Stufe drunter. Die Angehörigen der dinarischen Rasse, zu der auch die Bayern gehörten, zeichneten sich scheinbar unter anderem durch eine gebogene Nase aus. Und natürlich wurde uns auch eingeschärft, dass die jüdische angeblich eine minderwertige Rasse war, körperlich, charakterlich und überhaupt. Diese ganze Rassengeschichte ging mir quer runter. Das hatte sicherlich weniger mit Juden zu tun, ich kannte keine, niemand von uns ahnte etwas von der Verfolgung, der jüdische Menschen ausgesetzt waren. Nein, mein Zweifel und die Ablehnung dieser ganzen Rassenlehre hatte ganz egoistische Gründe. Mit meinen sehr dunkelbraunen Haaren konnte ich die nordische Rasse schon mal vergessen, auch wenn meine fast schwarzen Haare in den offiziellen Papieren der Schule als „dunkelblond" bezeichnet wurden. Dass ich aber nicht mal zur fälischen, sondern aufgrund irgendwelcher äußerlichen oder charakterlichen Merkmale „nur" zur westischen Rasse zugeordnet wurde, verletzte mich sehr und ließ mich, schon aus Gründen der Erhaltung meines Selbstwertgefühls, stark an dem Sinn und der Richtigkeit dieser ganzen Unternehmung zweifeln.

Die Anstaltsleiterin begleitete uns als Sportlehrerin natürlich auch bei außerschulischen sportlichen Wettkämpfen. Einmal spielten wir „Auswahlsportlerinnen" gegen eine Gruppe von einem anderen Gymnasium Ball über die Schnur. Frau Dr. List, die ja wusste, wie weit ich werfen konnte, gab für das Spiel die von den üblichen Regeln abweichende Parole aus: „Nach hinten hat das Spielfeld keine Grenzen". Wir gewannen haushoch. Jedesmal, wenn ich den Ball gefangen hatte, raste die gegnerische Mannschaft geschlossen nach hinten, weil sie mittlerweile gelernt hatte, wie weit ich warf. Ich war einerseits stolz, andererseits fand ich es aber auch unfair, einfach die Regeln zu ändern. Wir hätten bestimmt auch so gewonnen.

Auslandreisen gab es trotz der ursprünglichen Planungen unter den Bedingungen des Krieges nicht. Wir fuhren aber zwei- oder dreimal mit unserer Klassenlehrerin durch Luxemburg, mit Übernachtung in Hotels, damit wir Land und Leute kennenlernten. Ich erinnere mich an eine mehrtägige Fahrt zu Pfingsten, auf der wir unter anderem eine Burgruine besichtigten. Ich kletterte schräge, an einem Abhang stehende Mauerreste hoch, was Mitschülerinnen veranlasste, es mir nachzutun. Einige von ihnen gerieten allerdings in Panik, als es wieder hinuntergehen sollte, und ich glaube, dass die Lehrerin heilfroh war, als wir alle wieder unverletzt unten standen. An Schelte aufgrund unserer Waghalsigkeit kann ich mich nicht erinnern. Sportlichkeit und eine gewisse Menge Draufgängertum waren ja erwünscht. Ohnehin kann ich mich an Bestrafungen irgendeiner Art aus der gesamten Zeit nicht erinnern.

Wir fuhren häufiger zu Sportwettkämpfen. Manchmal kamen andere Schulen zu uns. Einmal besuchte uns eine Jungen-Napola und wir hörten gemeinsam einen Vortrag und verbrachten einen wunderbaren Sommerabend auf der Schlossterrasse. Mit der Zeit wurden aber sowohl unsere Fahrten als auch Besuche von außerhalb immer seltener.

Auf der Schlossterasse vor dem Speisesaal

Beide Bilder: © bpk / Liselotte Purper (Orgel-Köhne)

Ich denke, dass es stark mit der Pubertät zusammenhing, dass ich plötzlich, nachdem ich schon über zwei Jahre in Kolmarberg war, heftiges Heimweh entwickelte. Die ersten Jahre hatte ich gar nicht darunter gelitten. Ich hatte mich zwar gefreut, wenn es mal nach Hause ging, aber die Freude, wieder zur Schule zu fahren, war genauso groß. In den Weihnachtsferien 1943, während ich zu Hause war, genau in der Nacht von Silvester auf Neujahr, bekam ich auch meine Tage. Da ich mit fast fünfzehn Jahren schon relativ „alt" war, hatte ich damit gerechnet. Zum einen hatte meine Mutter mich vorbereitet, zum anderen bekam man das im Internat einfach mit. Es gehörte zum Erziehungskonzept, dass wir uns frei bewegten, ohne falsches oder übertriebenes Schamgefühl. Es war ganz natürlich, dass wir Mädchen uns gleichzeitig nackt im Badezimmer aufhielten und die Tür nicht abschlossen. Wenn dann eine ein Höschen trug, wussten wir anderen Bescheid. Das war eine gute Atmosphäre, auch für die jüngeren, die ihre körperliche Entwicklung als normal und selbstverständlich empfanden und schon wussten, was sie erwartete, wenn es bei ihnen so weit war. Seine Tage zu haben galt auch als Entschuldigung für den Sportunterricht, der Umgang damit war rücksichtsvoll aber nicht verklemmt.

Es muss auf der Rückfahrt aus diesen Weihnachtsferien gewesen sein, dass ich kurz hinter Köln allein in einem Zugabteil saß und bitterlich weinte. Bei ei-

nem späteren Halt gesellte sich ein älterer Herr zu mir, der ganz betroffen von meinen Tränen war und mir unbedingt helfen wollte. Was ich denn für einen Kummer hätte? „Ich muss ins Internat und habe so Heimweh", klagte ich ihm mein Leid. Er war sehr mitleidig, konnte aber natürlich gar nichts für mich tun. Ich schrieb nach Hause und schüttete mein Herz aus – aber nicht meiner Mutter, sondern meinem Vater, weil ich wusste, dass er dafür empfänglicher sein würde. Eines Tages ließ Frau Dr. List mich zu sich rufen. Vor ihr hatten wir viel Respekt und mir klopfte dementsprechend das Herz, als ich in ihrem Zimmer saß. Die Anstaltsleiterin erklärte mir, dass sie einen Brief meines Vaters bekommen habe, in dem er schrieb, dass es mir nicht gut ginge. Wie es dazu gekommen sei? Ich kämpfte mit den Tränen und bekannte, dass ich ganz furchtbar unter Heimweh litt.
Da schaute diese strenge Frau, die immer Distanz zu uns wahrte, mich eindringlich an und sagte, jedes Wort betonend: „Aber du gehörst hierhin! Du, mit all deinen Veranlagungen bist hier genau richtig. Du gehörst auf die Napola!" Das war sicherlich das höchste Lob, das man von ihr bekommen konnte. Ihr eindringliches „du gehörst hierhin" machte mich sehr stolz und half mir tatsächlich, mit dem Heimweh fertig zu werden.
Natürlich trug aber vor allem die Kameradschaft mit meinen Mitschülerinnen dazu bei.

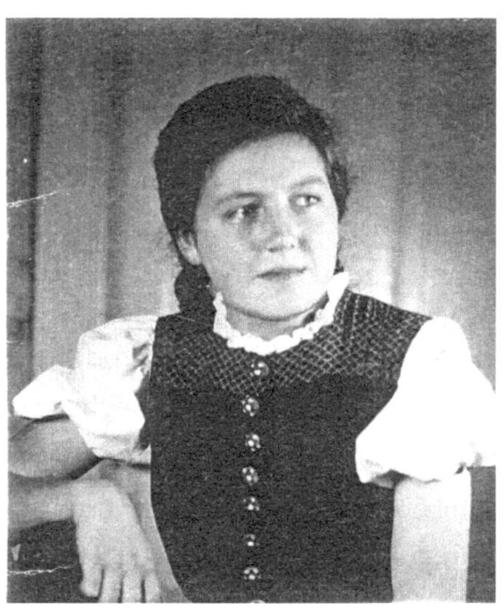

„Aber du gehörst hierhin!“

Wir waren wirklich eine eingeschworene Gemeinschaft und erlebten wunderschöne Jahre miteinander.
Ich denke, das hatte ganz viele Gründe. Zum einem waren wir nicht so viele. Auf dem Höhepunkt ihrer Entwicklung hatte die Napola Kolmarberg vier Klassen mit insgesamt 92 Schülerinnen. Das war eine überschaubare Menge, wir kannten uns alle untereinander. In unserer Klasse waren wir sechzehn Mädchen, das ermöglichte uns einen engen Kontakt zu allen anderen.
Wir wurden nicht nur auf einem sehr hohen Niveau unterrichtet, sondern konnten auch ganz neue Dinge ausprobieren.[11] So war unsere Klasse einmal eine ganze

Woche von sämtlichem Unterricht befreit. Stattdessen beschäftigten wir uns in Kleingruppen damit, das Märchen von Dornröschen in Versform umzudichten.[12] Später brachten wir es für die Bevölkerung auf die Bühne und führten es im großen Luxemburger Theater auf. Da ich eine recht kräftige Stimme hatte, wurde mir die Rolle der Hexe zugeteilt.[13]

Wir hörten auch regelmäßig Vorträge von irgendwelchen großen Tieren, die extra zu uns ins Schloss kamen oder es kamen Schauspieler und rezitierten Texte für uns.

Wir erlebten viel Aufmerksamkeit von außen, wenn z.B. Reporter kamen und über uns berichten wollten. Es störte unsere Gemeinschaft auch nicht, dass die Fotografen immer Lieblingsobjekte hatten. Esther Müller z.B., mit ihren blauen Augen und hüftlangen hellblonden Zöpfen wurde immer fotografiert. Darüber machten wir eher Witze, zumal gerade Esther die große Aufmerksamkeit unangenehm war.

Wir wohnten abgeschieden von allen anderen auf einem Schloss, in wunderschönen Räumen und dem Park, alles atmete Weite und Großzügigkeit. Irgendwann empfanden wir die Räume gar nicht mehr als so überwältigend, das war dann eben Alltag. Aber zu Hause kam es mir plötzlich sehr eng vor.

Wir wurden von vorne bis hinten umsorgt.[14]

Aus all dem wurde für uns irgendwie deutlich, dass wir eine Elite waren, ohne dass das je offen ausgesprochen wurde. Aber wir wussten es und konnten es uns daher leisten, nicht alles nach außen zu demonstrieren, was wir konnten. Understatement war angesagt. So war es z.B. verpönt, sich die Schwimmabzeichen der DLRG, Frei-, Fahrten-, Jugend- und Rettungsschwimmer, die wir in unserem kleinen eigenen Schwimmbad erwarben, an den Badeanzug zu nähen oder HJ-Sportabzeichen an den Sportsachen anzubringen. Das hätte gegen einen ungeschriebenen Ehrenkodex verstoßen.

Was uns aber neben dem Gefühl, „auserwählt" zu sein, wahrscheinlich am stärksten zusammenschweißte, war unsere recht isolierte Lage in einem besetzten Gebiet. Zwar war die Bevölkerung in Kolmarberg einigermaßen freundlich zu uns, wenn wir, was an zwei Nachmittagen in der Woche mit entsprechender Abmeldung erlaubt war, in das kleine Örtchen liefen, um Briefmarken, Postkarten oder sonstige Kleinigkeiten einzukaufen.

Aber mindestens einmal im Monat, vielleicht auch öfter, besuchten wir mit der ganzen Schule ein Konzert in Luxemburg.
Wir fuhren mit der Bahn dorthin, formierten uns vor dem Bahnhof, marschierten in Reih und Glied durch Luxemburg und sangen dabei. Ein Lied sangen wir immer, auch mehrfach:

Auf dem Weg nach Luxemburg Stadt

Was fragt ihr dumm, was fragt ihr klein,
warum wir wohl marschieren.
Setzt nicht vergebens Mühe drein,
Ihr werdet´s doch nicht spüren.
Ja hört doch unsre Hörner schrei´n,
hört doch unsr´e Trommeln grollen.
Ja, dann wisst ihr, wer wir sein,
ja, dann wisst ihr, was wir woll´n.
Denn nach dem Teufel fragen wir nicht
und unser Herrgott zürnt uns nicht,
dass wir woll´n Freie sein.

Dann rasselten rechts und links die Rollläden runter, die Menschen verschwanden in den Seitenstraßen, um uns nicht zu begegnen. Uns schwappte eine solche Welle an Ablehnung entgegen, dass wir uns automatisch enger zusammenschlossen, wir gegen die. Das war so eine Art Trotzreaktion.

Die meisten Mitschülerinnen waren, so wie ich, nicht aus eigenem Antrieb da, sondern weil die Eltern sie geschickt hatten. Aber viele von ihnen kamen aus sehr überzeugten Familien, das konnte man deutlich merken, auch wenn es nicht immer so augenscheinlich war, wie bei einer Mitschülerin, die mal Besuch von ihren beiden Brüdern bekam und sie uns ganz stolz vorstellte. Die beiden Jungen hießen Kraft und Stark…

Aber auch wenn man aus einer weniger überzeugten oder eher opportunistischen Familie kam, wie das bei mir der Fall war, wurde man vom Geist des Nationalsozialismus ergriffen. Wir kannten es nicht anders, von morgens bis abends stand alles, was wir lernten oder erfuhren unter der Prämisse, dass der Nationalsozialismus das Höchste, Größte und Schönste war und natürlich glaubte man das irgendwann. Da alle Informationen, die wir bekamen, gefiltert waren, erfuhren wir nichts, was unser sorgfältig von der Schule aufgebautes Weltbild hätte erschüttern können. Auch andere Einflüsse, die uns nachdenklich hätten machen können, fielen weg. Luftangriffe gab es nicht. Der Krieg war weit weg. Nahrungsmittelknappheit, Fliegeralarm, all das waren Fremdworte für uns. Wir hatten wenig Kontakt zur Außenwelt. Wir lebten wie in einer Blase.

Wir fuhren nur zwei- oder dreimal im Jahr nach Hause, je nachdem wie weit man von der Schule wegwohnte, zu Weihnachten, zu Ostern und in den Sommerferien. Diese Zeiten wurden aber mit zunehmendem Alter verkürzt, indem wir stattdessen zu Ernteeinsätzen oder Landdiensten geschickt wurde. Gerade unter der Indoktrination, unter der wir aufwuchsen, fand ich das ganz logisch und folgerichtig. Wir bekamen viel, also mussten wir auch etwas an die Volksgemeinschaft zurückgeben. Auch wurde uns eingeschärft, die Leistung der Bauern hoch zu achten: „Der Bauer der gefällt uns gut, noch besser der Soldat. Wer immer Pflicht und Arbeit tut, ist unser Kamerad.“

Erst später habe ich im Rückblick begriffen, dass mit diesen Aktionen sicherlich auch die Zeiten verkürzt werden sollten, in denen wir „fremden Einflüssen“ ausgesetzt waren. Zweimal halfen wir während der großen Ferien oder im Herbst bei Bauern der Region. Wir schliefen weiterhin in der Schule und liefen nach dem Frühstück zu zweit oder dritt zu einem Bauernhof, um dort bei der Ernte zu helfen. Beim ersten Mal war das harte körperliche Arbeit, wir lasen 14 Tage lang Kartoffeln, stundenlang in gebückter Haltung, das waren wir nicht gewohnt und empfanden das als sehr anstrengend. Beim zweiten Mal hatten wir mehr Glück und viel Spaß bei unserem Einsatz, da ging es in die Obsternte. Ich turnte immer hoch in die Bäume und sammelte entweder das Obst dort oben in einen Korb oder warf, wenn es Kirschen waren, diese runter, damit sie unten von meinen Kameradinnen aufgesammelt wurden. Mittags wurden wir von den entsprechenden Bauern mit Broten und Getränken versorgt, abends aßen wir wieder in der Schule. Zwischen zehnter und elfter Klasse, im Sommer 1944, sollten wir gar nicht nach Hause fahren und stattdessen vier oder sechs Wochen Landdienst leisten. Das bedeutete, dass wir für diese Zeit auf einem

Bauernhof wohnten und in Land- und Hauswirtschaft mithalfen. Dazu kam es bei mir aber nicht, da mein Vater zur gleichen Zeit einen Brief an Frau Dr. List schrieb, in dem er um meine Beurlaubung bat. Ich hatte am 2. Juli ein Schwesterchen bekommen, Judith Barbara, die aber nur Bärbel genannt wurde. Meiner Mutter ging es sehr schlecht, sie brauchte dringend Unterstützung und Beistand.

Ich verließ das abgeschottete Kolmarberg und erlitt einen riesigen Schock. Wenn ich sonst nach Hause fuhr, war ich in der Regel nicht allein, zu Beginn waren wir mit mehreren Mitschülerinnen unterwegs, die dann, je nachdem wohin sie mussten, nach und nach den Zug verließen. Auf der Rückfahrt wuchs unsere Zahl etwa ab Trier wieder an, das machte immer einen Heidenspaß, sich im Zug schon zu treffen. Nun fuhr ich alleine mit dem Zug von Luxemburg aus an der Mosel entlang bis Koblenz, dort stieg ich Richtung Norden um. Schließlich stieg ich in Köln in einem total zerbombten Bahnhof aus, einer Ruine. Ich war vollkommen erschüttert. Davon hatte ich nichts geahnt! Kurze Zeit später erlebte ich mit, wie Hagen bombardiert wurde. Etwa 25 Fußminuten von uns entfernt lag eine Anhöhe, von der aus man auf die Stadt hinunterblicken konnte. Wir sahen, wie Hagen brannte, sahen, wie Menschen über die noch stehenden Außenmauern brennender Gebäude balancierten, um sich in Sicherheit zu bringen. Die schwarzen Silhouetten zeichneten sich deutlich gegen den orangen Feuerschein ab. Plötzlich verschwand eine dieser Silhouetten von einem auf den anderen Moment. Ich begriff, dass dort gerade ein Mensch abgestürzt war, das war ein solcher Schock für mich. Da verschwand jemand. Einfach so. Erst in diesem Moment begriff ich, was Bombardierung bedeutete. In Luxemburg hatten wir natürlich nichts davon mitbekommen und auch in Kirchende gab es zwar häufig Alarm, immer wenn das Ruhrgebiet angegriffen wurde, aber der Ort selber blieb von Luftangriffen vollkommen verschont.

Zu Hause sollte ich meiner Mutter helfen, aber was konnte ich schon tun? Ich habe sehr viel geputzt und natürlich die kleine Bärbel gehütet. Kochen konnte ich ja nicht. Ich war nicht immer ganz zufrieden mit der Situation, weil mir das Putzen manchmal übertrieben vorkam. Musste der Boden wirklich jeden Tag gewischt werden?

Einige Wochen nach meiner Ankunft begann das neue Schuljahr. Meine alte Schule, die Aufbauschule in Herdecke, 45 Fußminuten von uns entfernt, war vollkommen überfüllt, der Direktor wies mich ab. Das nächste Gymnasium lag in Wetter, das waren von Herdecke aus nochmal dreißig oder vierzig Minuten zu laufen. Diese Strecke habe ich jeden Tag auf mich genommen, obwohl mir die Schule vorkam, wie eine bessere Volksschule, das muss ich ganz ehrlich sagen. Die Lehrer waren zum größten Teil eingezogen, so dass ganz alte Lehrkräfte reaktiviert oder irgendwelche Ersatzkräfte herbeigeschafft worden waren, das Unterrichtsniveau konnte man vergessen. Was die durchnahmen, hatten wir in Kolmarberg schon lange „gehabt". Aber ich hatte keine Wahl und lief trotzdem jeden Tag hin und her. Umso stärker wuchs in mir die Sehnsucht nach „meiner" Schule, zu der ich vor allem über Briefe mit Esther, aber auch mit anderen Freundinnen in engem Kontakt stand. Durch die Briefe erfuhr ich auch, dass die Schule von Luxemburg nach Station Reichenau an den Bodensee verlegt würde, „weil die Feinde immer weiter vordrangen".

Anfang Oktober sollte in Reichenau der Unterricht wieder aufgenommen werden und da wollte ich dabei sein. Für mich war es keine Frage, dass ich dahin gehörte, ich gehörte zu der Schulgemeinschaft. Trotz aller gegenläufigen Anzeichen glaubte ich auch nicht, dass der Krieg verloren sein könnte. Für uns stand immer die Wunderwaffe im Raum, V1, V2, V3. Diese „Vergeltungswaffe" würde uns den Endsieg bescheren, dass war uns immer wieder so versichert worden und daran glaubte ich. Meine Mutter im Übrigen auch. Sie hielt immer noch daran fest, dass mir nach dem Endsieg alle Wege offenstehen würden. Sie hätte mich auch gar nicht zu Hause behalten können, denn damit hätte sie sich vor der gesamten NS-Frauenschaft ja fürchterlich blamiert. Aber sie glaubte auch wirklich an den Endsieg. Nur so ist zu erklären, dass sie mich unter den schon recht chaotischen Umständen des Herbstes 1944 noch einmal losfahren ließ.

Die Fahrt an den Bodensee konnte ich mit einer Klassenkameradin aus dem Ruhrgebiet zurücklegen, die aus irgendeinem Grund für kurze Zeit zu Hause gewesen war. Einen verbindlichen Fahrplan gab es nur noch auf dem Papier, mal fuhr etwas, dann war wieder ein Gleis zerstört oder ein Bahnhof und wir mussten warten. Ich kann mich nur noch ganz schwach an die einzelnen Stationen unserer fünftägigen Odyssee erinnern, weil ich irgendwann so müde war, dass ich, sobald wir einen Sitzplatz ergattert hatten, den Kopf auf den Tisch legte und schlief. Auch die von zu Hause mitgegebene Verpflegung, obschon großzügig bemessen, ging irgendwann zu Ende. Aber es gab in allen Bahnhöfen Suppenküchen und wir, die wir uns als „Schülerin der nationalpolitischen Erziehungsanstalt" ausweisen konnten, wurden bevorzugt behandelt. Trotzdem war ich froh, dass wir zu zweit unterwegs waren, alleine wäre das sehr viel schwieriger gewesen. Endlich, nach fünf endlos langen Tagen und noch endloseren Nächten, kamen wir in Reichenau an, abends, im Dunklen. Wir irrten durch

Die ehemalige Nervenheilanstalt Reichenau

den großen Gebäudekomplex; irgendwann wies mir jemand ein Bett zu, in das ich erschöpft reinfiel.

Als ich am nächsten Morgen aus der Tür trat, stockte mir der Atem. Ich hatte nicht gewusst, dass man vom Bodensee aus die Berge sehen kann, die Berge, die für mich eine magische Bedeutung hatten, die für mich ein Sehnsuchtsort waren, seit ich „Heidi“ und all die anderen Bücher von Johanna Spyri gelesen hatte. Als ich sie nun zum ersten Mal in meinem Leben sah, die Alpen, den Säntis, hielt ich die Luft an. Der Anblick war überwältigend schön für mich. In diesem Moment habe ich begonnen, die Berge zu lieben.

Station Reichenau war eine riesige Anlage aus zahlreichen freistehenden Gebäuden. Es hieß, es sei früher ein Sanatorium oder eine Krankenhaus für Geisteskranke gewesen. Ich weiß nicht, ob das stimmt, uns hat es da jedenfalls gut gefallen. Wir schliefen nun zwar nicht mehr in luxuriösen Dreibettzimmern mit eigenem Bad, sondern in Schlafsälen mit zehn oder vierzehn Mädchen und großen Waschräumen. Aber das störte mich kein bisschen. Ich war nur froh, wieder mit den anderen zusammen zu sein. Im selben Komplex, aber in anderen Gebäuden und vollständig von uns getrennt war noch eine Jungennapola untergebracht, mit der wir aber weiter nichts zu tun hatten, wir hatten nicht einmal gemeinsam Unterricht. Für mich waren die Jungen vollkommen uninteressant, aber das sahen einige meiner Klassenkameradinnen ganz anders und trafen während unserer nachmittäglichen Freistunde Verabredungen am Seeufer. Da machten sich die anderthalb Jahre, die ich jünger als sie war, doch bemerkbar.

Wir nahmen den vertrauten Tagesablauf aus Luxemburg wieder auf, mit lediglich einer Änderung: Das allabendliche Anhören der Nachrichten und Rundfunkansprachen fiel weg. Damals hieß es, es gebe keinen Raum und keine Möglichkeiten dafür. Heute frage ich mich natürlich, ob wir die Nachrichten nicht mehr hören sollten, weil wir dann mitbekommen hätten, dass diese von Tag zu Tag schlechter wurden. So lebten wir weiterhin in unserer Blase.

Eines Tages wurden alle, deren Schuhe kaputt waren, aufgefordert, sie mit einem Namenszettel versehen abzugeben. Sie würden für uns im KZ repariert. Ich weiß nicht, ob uns damals auch der Name des Lagers genannt wurde, in jedem Fall erinnere ich mich nicht daran. Wir bekamen unsere Schuhe wunderbar sauber und intakt zurück. Uns war schon vorher erklärt worden, dass es diese Lager gab, geben musste, um dort neben inhaftierten Verbrechern auch sogenannte Arbeitsscheue, also Menschen, die sich weigerten zu arbeiten, zu erziehen und an die Arbeit heranzuführen. Als ich das erste Mal davon hörte, vielleicht mit zwölf Jahren, zu Beginn meiner Zeit in der Napola, dachte ich recht kindlich: „Ja, wenn die nicht arbeiten wollen, muss man sie eben zwingen." Und jetzt hatten sie meine Schuhe repariert.

Weihnachten 1944 fuhr niemand von uns mehr nach Hause, Reisen war praktisch nicht mehr möglich. So feierten wir alle gemeinsam, aber natürlich nicht christlich, sondern „unter der Jultanne". In Luxemburg hatten wir das auch schon gemacht, aber nicht am Weihnachtstag selber, sondern kurz vorher, bevor alle nach Hause aufbrachen. Wir entzündeten draußen auf einer Anhöhe ein Feuer, sangen viele Lieder, auch mein Lieblingslied „Hohe Nacht der klaren Sterne" war natürlich dabei, weil es besonders gut zu diesem Anlass passte.

Hohe Nacht der klaren Sterne,
Die wie weite Brücken steh'n,
Über einer tiefen Ferne
D'rüber uns're Herzen geh'n

Hohe Nacht mit großen Feuern,
Die auf allen Bergen sind.
Heut' muß sich die Erd' erneuern,
Wie ein junggeboren Kind!

Mütter, euch sind alle Feuer,
Alle Sterne aufgestellt;
Mütter, tief in euren Herzen
Schlägt das Herz der weiten Welt!

Es wurden Gedichte und Texte vorgetragen. Ich war grundsätzlich am Festprogramm beteiligt, weil ich so gut rezitieren konnte und genoss diese nächtlichen Stunden am Feuer, fühlte mich durch dieses Erlebnis noch enger mit den anderen verbunden.[15]

Ich habe mir nie Gedanken über das Kriegsende gemacht bzw. nie auch nur im Traum daran gedacht, dass Deutschland den Krieg verlieren könnte. Noch als der Vormarsch der feindlichen Truppen selbst für uns abgeschottete Mädchen unübersehbar wurde, wir Luxemburg verlassen mussten, glaubten wir noch an die Wunderwaffe. Das wurde uns immer wieder vorgebetet. Ich erinnere mich noch an Bruchstücke dieser Litaneien: „Wartet nur ab, wenn die erst mal eingesetzt wird!“ – „Wenn die Wunderwaffe kommt, werden wieder alle vor uns erzittern.“ – „Der Führer wartet extra, bis die Feinde tief im Reich stehen, dann kann er sie umso vernichtender schlagen.“ Wir glaubten alle diese Sprüche, machten uns auch nicht so wahnsinnig viel Gedanken darüber sondern rechneten einfach fest damit, dass es nur noch eine Frage der Zeit sein konnte, bis das rettende Wunderding endlich kam. Wir waren in diesem Sog und kannten nichts anderes.

Eines Tages[16] sah ich weiter unten, dort wo es zur Insel Reichenau rüberging, auf der Straße nach Konstanz Soldaten marschieren und registrierte plötzlich, ich wollte mich schon wieder abwenden, dass das keine deutschen, sondern französische Soldaten waren! Schlagartig wurde mir klar, dass wir offenbar den Krieg verloren hatten. Meine Überraschung war so groß und raumgreifend und total, dass für Enttäuschung gar kein Platz übrig blieb.

[1] Da geht es dem heutigen Leser in der Regel so, wie der zwölfjährigen Ingrid damals. Die Tatsache, dass es nationalpolitische Erziehungsanstalten (NPEA), NS-Eliteschulen, im Volksmund Napola genannt, auch für Mädchen gegeben hat, sorgt erst einmal für Verwirrung.
Zum einen passt die Herausbildung einer weiblichen Elite so gar nicht zu den eigentlichen NS-Erziehungszielen für Mädchen, die sich in Adolf Hitlers Spruch: „ Das Ziel jeder weiblichen Erziehung hat unverrückbar die kommende Mutter zu sein“ zusammenfassen lassen.
Zum zweiten ist unser Wissen über Napolas von den entsprechenden Jungenschulen geprägt, deren erklärtes Ziel es war, eine politische, militärische und parteiamtliche NS-Elite hervorzubringen. Dementsprechend unterstanden Napolas zwar dem Erziehungsministerium, wurden aber von der SS inspiziert, deren Einfluss auf diese Schulen sich fortwährend intensivierte. „Das Aufgabenziel der NPEA ist die Sicherung und Festigung des Reiches Adolf Hitlers durch Auslese bester deutscher Jugend und deren Erziehung zu nationalsozialistisch klarer Haltung“, erklärte der für Napolas zuständige SS-Obergruppenführer Heißmeyer. Der SS-Einfluss verstärkte die ohnehin vorhandene starke paramilitärische Prägung der Napolas, von denen die ersten aus preußischen Kadettenanstalten hervorgegangen waren, hin zu Anstalten mit Uniformzwang, Drill, Vordermann und Seitenrichtung. Eine solche Schule ist für Mädchen schwer vorstellbar.
Zum dritten hat man von Mädchennapolas noch nie gehört. Das liegt daran, dass es nur zwei davon gab (gegenüber 38 Jungen-Napolas; eine dritte NPEA für Mädchen hat nur ein Jahr bestanden, bevor sie zu einer Reichsschule „degradiert“ wurde), die beide nicht auf deutschem Reichsgebiet, sondern auf annektiertem bzw. besetzten Gebiet lagen. Beide waren außerdem deutlich jünger als die seit 1933 gegründeten Jungennapolas. Die an dem Doppelstandort Hubertendorf-Türnitz in der Nähe von Wien gelegene Schule ist 1939 entstanden; aus dieser Einrichtung

sind immerhin einige Ausgaben der Schulzeitung, Zeitungsreportagen und einige Zeitzeugenberichte überliefert. Besonders wenig ist von der Napola Kolmarberg in Luxemburg bekannt. Diese Schule hat überhaupt nur knapp vier Jahre (seit April 1941), davon lediglich drei an dem ursprünglichen Standort existiert und hatte auf ihrem Höhepunkt lediglich 92 Schülerinnen. Für ihre Dissertation „Wir sollten intelligente Mütter werden. Nationalpolitische Erziehungsanstalten für Mädchen", eines der vereinzelten Werke zu diesem Thema, hat die Autorin Stefanie Jodda-Flintrop 37 ehemalige Napolaschülerinnen interviewt; lediglich eine von ihnen besuchte die NPEA in Kolmarberg und auch das nur für ein Jahr. Eine zweite gehörte zu den Mädchen der NPEA Hubertendorf-Türnitz, die für ein Jahr in Kolmarberg unterrichtet wurden, um die Gründung der Schule anzuschieben. Auch die sonstige Quellenlage von Kolmarberg ist denkbar dürftig. Die Schule hat zu kurz existiert, als dass sie eigene Zeugnisse, Schülerzeitungen oder ähnliches hervorgebracht hätte. Es gibt lediglich zwei Texte des Luxemburger Lehrers und Autors Robert Krantz über die Napola Kolmarberg, in denen dieser seine Funde in luxemburgischen Archiven vorstellt und zusammenfasst. Es sind dies die Aufsätze: „...auf ausdrücklichen Befehl des Führers als kriegsentscheidende Erziehungseinrichtung", erschienen in der Zeitschrift Galerie 2007 Nr.4 (zit. als RK Galerie) und „Die Napola Kolmarberg" in: ders.: Luxemburgs Kinder unter dem Naziregime, Bd 1, Luxembourg 1997 (zit. als RK LK).

Die Bedeutung des Zeitzeugnisses von Ingrid Guntenhöner als ehemalige Schülerin dieser Einrichtung ist somit gar nicht hoch genug einzuschätzen. Es ist gut zu sehen, dass ihre Erinnerungen extrem zuverlässig sind und sich in jeder Hinsicht mit den Daten und Fakten, die Robert Krantz in Dokumenten und Quellen gefunden hat, decken. Um der zeithistorischen Bedeutung ihrer Erinnerung gerecht zu werden, sind - ungewöhnlich für eine Biografie - ihre Erzählungen in Fußnoten mit Zahlen und Fakten aus den beiden Aufsätzen von Robert Kranz und der Dissertation „Wir sollten intelligente Mütter werden“ von Stefanie Jodda-Flintrop ergänzt worden.Trotz des breiten Raumes, den die Zeit ihres Schulbesuches in Kolmarberg daher auch in ihrer Biografie einnimmt, so darf Ingrid Guntenhöners Lebensgeschichte doch nicht darauf reduziert werden. Um es mit ihren eigenen Worten zu sagen: „Im Endeffekt waren es eben doch nur vier Jahre, vier Jahre von mittlerweile 84.“

[2] Kolmarberg oder Kolmar-Berg ist die eingedeutschte Schreibweise nach der Besetzung Luxemburgs; die luxemburgische Schreibweise lautet Colmar–Berg, seit 1994 Colmer-Bierg.

[3] Tatsächlich war die Schönheit dieses Schlosses ausschlaggebend für die Errichtung einer Mädchennapola. Die Gründung von NPEAs für Mädchen basierte auf keiner NS-Doktrin und erfolgte daher ohne System. Zwar hatte es vereinzelt Forderungen hoher BDM-Leiterinnen nach NPEA für Mädchen gegeben, die aber immer ungehört verhallt waren, da sie so wenig zum NS-Frauenbild passten. Nach dem Anschluss Österreichs fand man dort fünf staatliche Eliteschulen (sog. Bundeserziehungsanstalten) vor, von denen eine ein Mädcheninternat war. Aus diesem Internat, das man, um die Österreicher nicht vor den Kopf zu stoßen, nicht auflösen wollte, ging mehr zufällig als geplant die erste NPEA für Mädchen hervor. Das ging nicht ohne Proteste auch hochrangiger NS-Politiker vonstatten, die hierin einen Verstoß gegen die NS-Frauenpolitik sahen und forderten, dass keine weiteren Mädchennapolas gegründet werden dürften. Interessanterweise wurde die Diskussion neu entfacht durch eine Anordnung Adolf Hitlers, in der er forderte, mehr Schulinternate für Jungen *und Mädchen* zu errichten. Hitlers Motiv war dabei zwar, durch die Einrichtung von Internaten die Einsatzbereit-

schaft der dann ungebundenen Eltern auch für Abkommandierungen ins Ausland zu erhöhen. SS-Obergruppenführer Heißmeyer erblickte darin jedoch geradezu eine Forderung des „Führers" nach Einrichtung einer weiteren NPEA für Mädchen. Andere NS-Größen lehnten das vehement ab. Die Auseinandersetzung darum war gerade auf dem Höhepunkt, als Heißmeyer und SS-Reichsführer Himmler Schlösser im ein Jahr zuvor besetzten Luxemburg im Hinblick auf eine mögliche Umwandlung zu Napolas inspizierten. Die abgeschiedene Lage von Schlössern und Burgen wurde von den NS-Machthabern für die Einrichtung dieser Schulen bevorzugt, um einerseits Naturnähe, Land- und Bodenromantik zu fördern, andererseits die Zöglinge aber auch von jedem fremden Einfluss abschotten zu können. Das Wohnen im Schloss oder auf einer Burg sollte auch ein gewisses „Herrschaftsgefühl" fördern. In einem Bericht des damaligen Leiters des Amtes für Erziehung ergab sich bei der Besichtigung von Kolmarberg folgende Situation: „Die beiden Herren hätten gemeint, daß Nagelschuhe und die Erfordernisse der vormilitärischen Ausbildung der Jungen den mit wertvollen Teppichen bedeckten Marmorböden, den Stilmöbeln, Kunstgegenständen und Tapeten Schaden zufügen könnten. Daraus sei der Gedanken entstanden, eine Mädchennapola einzurichten, die von Reichsführer Himmler genehmigt worden sei." (zit. nach RK LK S. 449)

[4] So schildert es auch eine zeitgenössische Zeitungsreportage, in der es heißt: „Die Mädel, die uns im Luxemburger Schloß begegnen, gehören alle zu einem Zug – sonst Klasse genannt – der bisher in Hubertendorf unterrichtet wurde. Ein zweiter Zug aus Mädeln aller Gauen wurde in Colmar-Berg neu zusammengestellt. Die Tochter eines Oberregierungsrates aus Berlin und eines Werkmeisters aus dem Saarland, eines ostdeutschen Großbauern und eines süddeutschen Handwerkers gehören beispielsweise dazu." (zit. nach RK Galerie S. 599)

[5] Wie viel die Autorin jünger war, als ihre Mitschülerinnen, zeigt die Tatsache, dass am 15. 10. 1942, nachdem also ein weiterer Jahrgang aufgenommen worden war, lediglich drei Schülerinnen der Anstalt unter 14 Jahren, also noch volksschulpflichtig waren (RK Galerie, S. 579). Die Autorin war eine von ihnen, obwohl sie nicht in der untersten Jahrgangsstufe war.

[6] Mit dieser Vermutung liegt die Autorin nicht ganz falsch. In der in Anm. 4 zitierten Zeitungsreportage heißt es: „Jedes Mädel, das gesund und körperlich, geistig und charakterlich besonders befähigt ist, kann sich zur Aufnahme in einer nationalpolitischen Erziehungsanstalt melden. In einer einwöchigen gründlichen Prüfung wird die Eignung festgestellt. Das Zusammenleben in einer festen Lagergemeinschaft in dieser Zeit läßt das Mädel in der Gesamtheit seiner Anlagen erkennen und nicht nur die wissensmäßigen Leistungen feststellen.“ (zit. nach RK Galerie S. 600)

[7] Die Bezeichnung Erzieherin sollte deutlich machen, dass die Aufgaben umfassender waren, als reine Lehrtätigkeit; so waren die Lehrerinnen nahezu den ganzen Tag mit ihren Schülerinnen zusammen. Insgesamt waren zehn Lehrerinnen in Kolmarberg beschäftigt, neben der Oberstudienrätin und Direktorin Dr. Hedwig List zwei weitere Studienrätinnen, vier Studienassessorinnen, eine Oberschullehrerin, eine Hauswirtschafts- und eine Musiklehrerin.

[8] Tatsächlich wurden in zeitgenössischen Reportagen immer gerade diese Inhalte hervorgehoben, obwohl die sogenannten „Fächer des Frauenschaffens“ de facto im Schulleben eine so untergeordnete Rolle spielten, dass sie für die Schülerinnen nahezu bedeutungslos waren. Offensichtlich sollte hiermit, ebenso wie durch die nur für Fototermine getragene einheitliche Bekleidung mit Dirndln ein bestimmtes Bild der Schule vermittelt werden, das vom tatsächlichen Schulleben abwich. Auch in der o.a. Reportage wird

der hauswirtschaftliche Unterricht der Mädchen ausführlich beschrieben. Hier heißt es: „Ein kurzer Gang durch die langen, von unseren Schritten wiederhallenden Korridore und durch den Park mit grünen Wiesen und altem Baumbestand, dann sind wir in der Waschküche angekommen. Fröhliches Singen dringt aus den geöffneten Fenstern. Im Dunst der kochenden Kessel erkennen wir eine Gruppe Mädel beim Sortieren der Wäschestücke. Alle Wäsche des Schulbetriebes wird unter sachkundiger Anleitung von den Mädeln selbst gewaschen und getrocknet, gerollt und ausgebessert." Das Gegenteil war der Fall; die Mädchen wurden wie „echte" Schlossbewohner vollkommen bedient und versorgt, allein für die Wäsche gab es acht Arbeiterinnen. Lediglich einen Nebensatz widmet der Zeitungsreporter der wissenschaftlichen Bildung und verweist fast verschämt darauf, dass die Schülerinnen am Ende der Schulzeit die Allgemeine Hochschulreife erlangen werden. (zit. nach RK Galerie S. 601)
Auch Jodda-Flintrop beschreibt, dass viele Bilder für Fotoreportagen gestellt wurden, Mädchen bei Tätigkeiten wie z.B. dem Spinnen abgelichtet wurden, denen im Schulalltag gar nicht nachgegangen wurde. Auch Frau Guntenhöner wunderte sich, als ich ihr in Kolmarberg aufgenommene Fotos aus dem Bestand des Deutschen Historischen Museums zeigte: „Handarbeit? Spinnen? Das haben wir eigentlich nie gemacht." Zwar durften und sollten die Napolas ihren Schülerinnen eine hochwertige Ausbildung zukommen lassen, nach außen hin durfte die Praxis der Mädchenschulen jedoch kein anderes Frauenbild erkennbar werden lassen, als der Nationalsozialismus es wünschte.

[9] Diese auf den ersten Blick erstaunliche Aussage, dass die HJ gerade im Herzen des NS-Bildungssystems eher unwichtig war, wird von vielen Ehemaligen so oder ähnlich bestätigt, so dass Jodda-Flintrop zu dem Schluss kommt: „Die HJ wurde an den NPEA eigentlich nicht benötigt,

weder in ihrer Wirkung noch aus machtpragmatischen Gründen. Kontrolle und Instrumentalisierung der Jugend – die Wirkungen, die die HJ für die Nationalsozialisten hatte – erfüllten die NPEA auch ohne den Einfluss der HJ."

[10] Dazu schreibt Jodda-Flintrop: „Musik wurde bewusst als pädagogisches Instrument an den NPEA genutzt." Die Lieder bzw. gemeinsames Musizieren sollten nicht nur den Schulalltag verschönern sondern durch die Auswahl der Lieder auch nachhaltig emotionale Verbundenheit mit dem Nationalsozialismus fördern. „Die NS-Ideologie hatte zum Ziel, das Gemeinschaftsgefühl durch Musik dahingehend zu stärken, dass jede ´Individualität in der Masse der Singenden´ untergeht." (Jodda-Flintrop S. 108)

[11] Eine ehemalige Lehrerin der NPEA Türnitz berichtet, dass es für die österreichischen Lehrerinnen von Anfang an festgestanden habe, dass die NPEA für Mädchen kein Abklatsch der Jungennapolas sein dürften. „Und wir hatten auch Zeit, denn unsere Anstaltsleiterin erklärte uns in den ersten Besprechungen, dass wir diese Mädchen-NAPOLA erstmal entwickeln sollten. Dafür waren uns drei oder vier Jahre gegeben, in denen wir völlig freie Hand hatten. Das war das schöne an dieser ganzen Arbeit. Wir hatten, vom Ministerium (…) her gesehen, völlig freie Hand." (zit. nach Jodda-Flintrop S. 119)

[12] „Der Unterricht an den NPEA war somit modern: Projektwochen, Experimente, Gruppenarbeit und Anschauungsunterricht. Selbstständiges Arbeiten der Schülerinnen wurde gefördert. Die NPEA setzten zweifellos in ihren Unterrichtsmethoden reformpädagogisches Wissen um." (Jodda-Flintrop S. 83)

[13] Die Aufführung erfolgte am 26. Februar 1944 und erntete das Lob der (gleichgeschalteten) Presse: „Die Mädel-

gruppe 19/766 der NPEA, Kolmar-Berg, hatte ein Übriges getan: Sie dichtete das Spiel vom Dornröschen selbstständig sich zurecht. Eine zarte Streicher- und Flötenmusik begleitete sie. Der Beifall des ´ausverkauften´ Hauses mag der Lohn sein für den schönen Märchennachmittag. Insbesondere gefiel die Szene ´Dornröschen schlief wohl hundert Jahr…´." (zit. nach RK LK S. 456)

[14] Den 92 Schülerinnen standen neben einer Krankenschwester, zwei Schwesternvorschülerinnen und acht Verwaltungsmitarbeitern (Rentmeister, Wirtschaftsleiterin, Büroangestellte) 27 Arbeiter/innen gegenüber. Neben Maschinenmeister und Gärtner waren das u.a. 6 Wäscherinnen, zwei Büglerinnen, 9 Putzfrauen, eine Köchin und fünf Küchenhilfen. Zwei Pförtner und drei Amtsgehilfen hatten im Übrigen bereits zu großherzoglichen Zeiten ihre Dienste als Kammerlakeien bzw. Tafeldecker verrichtet. (RK LK S.457f.)

[15] Diese Julfeier wurde offensichtlich vom Reichsführer SS, Heinrich Himmler, unterstützt. Das geht aus einem Brief der Anstaltsleiterin hervor, in dem sie schreibt: „Reichsführer! Ich danke Ihnen im Namen meiner Erzieherinnen und Mädel herzlich für die Weihnachtsspende. Sie war umso willkommener, als viele Mädel das Weihnachtsfest in der Anstalt verleben mussten. Heil Hitler! Dr. Hedwig List." (Dieser Brief ist abgedruckt in RK Galerie S. 586)

[16] Es muss der 26. April 1945 gewesen sein; an diesem Tag wurde das Bodenseegebiet von französischen Truppen besetzt.

„Vergesst den Hitlergruß!“
Kriegsende Frühjahr/Sommer 1945

Ich kann mich nicht erinnern, dass wir je offiziell über das Kriegsende informiert worden sind. Die Worte „Wir haben verloren“ habe ich von meiner Schulleiterin nie gehört. Auch dass Adolf Hitler tot war habe ich erst später erfahren, Monate später. Frau Dr. List hat es uns jedenfalls nicht mitgeteilt. Aber was sie uns wissen ließ, ja geradezu einschärfte, war, dass wir auf keinen Fall mehr mit Hitlergruß grüßen dürften, da wir uns dadurch selber gefährdeten. Das war leichter gesagt als getan! Der Hitlergruß war uns in Fleisch und Blut übergegangen. Jahrelang war er Vorschrift gewesen, sowohl im Schloss als auch in Reichenau: Sobald wir einer Erzieherin begegneten, hatten wir zu grüßen. Unser Arm ging mittlerweile ganz automatisch nach oben, es erwies sich als richtig schwer, sich das wieder abzugewöhnen. Wir sollten auch niemandem sagen, dass wir Napolaschülerinnen seien, meinte unsere Anstaltsleiterin. Kurz vor Kriegsende war in einigen Gebäuden des riesigen Komplexes, in dem auch wir untergebracht waren, ein Lazarett eingezogen. Frau Dr. List sorgte dafür, dass wir jeweils zu zweit oder dritt in einer der Abteilungen des Lazaretts unterkamen und somit unauffällig „untertauchen“ konnten. Wir wohnten weiterhin zusammen, aber Unterricht fand natürlich nicht mehr statt, weil wir ja ab früh morgens im Einsatz waren. Auch verpflegt wurden wir von nun an im Lazarett.

Ich arbeitete mit auf einem 12-Bett-Zimmer, aber was konnten wir ohne jede Ausbildung schon tun? Pflegen konnten wir ja nicht. Also fielen uns Aufgaben wie Spülen, Essen verteilen und Putzen zu. Trotzdem blieb uns viel Zeit, in der wir mit einigen unserer Patienten, deutsche Soldaten, ins Gespräch kamen. Sie erzählten von ihren Erlebnissen und auch davon wie sie verwundet worden waren. Das war alles andere als einfach für uns.

Wir waren doch so isoliert gewesen und hatten vom Krieg, von der wirklichen realen alltäglichen Seite des Krieges mit Schmutz, Verwundung und Tod kaum etwas mitgekriegt. Wir kannten Heldenlieder – nun lernten wir diese Helden kennen und die Wirklichkeit war eben ganz anders als in den Liedern.

Wir versuchten auch, von ihnen Informationen darüber zu erhalten, wie es wohl zu Hause aussah, denn Kontakt zu den Eltern hatte keine von uns, Post kam nicht mehr durch. Viel erfuhren wir nicht - die meisten waren selber schon lange nicht mehr zu Hause gewesen und wenn sie etwas erzählten, konnten wir das kaum glauben und waren sicher, dass sie übertrieben, versuchten aber, unsere Skepsis zu verbergen. Wir hatten auch manchmal Spaß miteinander, einmal dichteten wir gemeinsam ein Lied für eine

Krankenschwester, die Geburtstag oder ein Jubiläum hatte.

Die Taktik unserer Anstaltsleiterin hatte Erfolg, die Franzosen wurden nicht auf uns aufmerksam.
Abends, wenn wir beisammen saßen, nähten wir aus einem festen Stoff Rucksäcke. Frau Dr. List hatte diesen noch vor Kriegsende, als sie noch die Macht gehabt hatte, so etwas einfach zu beschlagnahmen, irgendwo organisiert. In kleinen Grüppchen von zwei, drei oder vier Mädchen, damit wir nicht auffielen, wurden wir nach und nach Richtung Heimat in Marsch gesetzt. Nur ein oder zwei Gruppen in der Woche, immer so, dass wir ja keine Aufmerksamkeit erregten. Frau List schaute, wer in die gleiche Richtung musste, und teilte uns dementsprechend ein. Ich war sehr glücklich, dass meine beste Freundin Esther Müller aus Leverkusen kam, so waren wir natürlich gemeinsam in einer Gruppe. Außerdem hatten wir noch ein Mädchen aus Neuwied dabei. Es muss etwa acht bis zehn Wochen nach Kriegsende gewesen sein, als wir endlich an der Reihe waren und zu dritt losmarschierten.
Warm war es, als wir den Rucksack auf dem Rücken und den Koffer in der Hand die Anstalt, die uns bis zuletzt geschützt hatte, verließen. Mit dem Zug kamen wir bis Singen am Hohentwiel, nur etwa zwanzig Kilometer von Reichenau entfernt. Von da an hieß

es laufen. Aber wir hatten unheimliches Glück. Schon am ersten Tag wurden wir von den Wagen eines Zirkus überholt, ein ganz bekannter Zirkus, dessen Namen ich später noch oft gelesen oder sogar im Fernsehen gesehen habe, der mir aber leider nicht mehr einfällt. Die auffälligen bunten Wagen wurden von Pferden gezogen. Esther und ich schauten uns an, als die an uns vorbeikamen, und dachten das gleiche: „Könnten Sie uns vielleicht mitnehmen?", fragten wir den Mann auf dem Kutschbock des nächsten Wagens. „Werft auf jeden Fall eure Koffer und Rucksäcke hinten rein", meinte er freundlich. Das taten wir und liefen erleichtert neben der Kolonne her. Wir durften nachts in den Wagen übernachten, natürlich nicht in Betten, auf dem Wagenboden, aber wir hatten schon mal ein „Dach" über dem Kopf. Als wir uns nach zwei oder drei Tagen trennen mussten, weil sie nach Osten abbogen, wir aber nach Norden mussten, waren wir nicht nur ein Stückchen weiter gekommen, sondern hatten auch jede Menge hilfreicher Tipps im Gepäck, wie wir an Schlafplätze und Essen kommen konnten, denn unsere eisernen Rationen, die wir in Reichenau mitbekommen hatten, neigten sich schon dem Ende zu. Abends sollten wir in Gaststätten nach Schlafplätzen fragen, da bekämen wir auf jeden Fall die Möglichkeit, die Nacht unter Dach zu verbringen. Bei der Suche nach Lebensmitteln sollten wir uns an Bauernhöfe halten, am besten an eher einsam liegende, weil die nicht so von Hungrigen überschwemmt würden. Und für den Fall, dass die Bauern uns hartnäckig abweisen sollten, bekamen wir auch Tipps zum Stehlen. Ich war ganz froh, dass wir diese später nie in die Tat umsetzen mussten, war aber doch auch recht beeindruckt davon, mit welcher Geschwindigkeit ein Huhn, das sich auf den Weg verirrt hatte, von einem Mitglied der Zirkustruppe geköpft und ausgenommen war, bevor der Besitzer hinterherkam. Nun hieß es wieder mit dem schweren Gepäck laufen, meistens zu dritt. Manchmal legten wir auch eine kurze Wegstrecke mit anderen gemeinsam zurück, einmal liefen wir zwei Tage mit einer Gruppe von deutschen Soldaten, die aus Italien kamen und auch in den Norden wollten.

Manchmal nahm uns ein Militärlaster ein Stück mit, mal waren zwischen zwei kleinen Orten die Geleise noch intakt und die Bahn fuhr ein kurzes Stückchen, mal konnten wir uns für eine halbe Stunde hinten auf ein Pferdefuhrwerk setzen. Aber meistens hieß es laufen, viele Stunden am Tag. Ich glaube, es war in der Nähe von Tübingen, als mir klar wurde, dass ich die Strecke nicht schaffen würde. Nicht mit Koffer und Rucksack. Ich bin heute noch stolz darauf, dass ich so vernünftig war, meinen Koffer über eine Böschung zu werfen. Das fiel mir nicht leicht, aber die Einsicht, dass ich es sonst nicht schaffen würde, war stärker. Nacht schliefen wir, dank des Tipps der Zirkusleute, immer in Gasthöfen, mal auf Stühlen, meist auf dem Fußboden, mal bequemer, mal weniger bequem. Meist nahm ich irgendetwas aus meinem Rucksack heraus und breitete es unter mir aus, um nicht direkt auf dem blanken (bzw. meist nicht so blanken) Holz zu liegen. Einmal, in der Nähe von Wiesbaden, schliefen wir in einem Bett. Wir waren auf einem der kurzen Streckenabschnitte, die wir mit dem Zug zurücklegen konnten, mit einer Frau ins Gespräch gekommen, deren Mann noch nicht aus dem Krieg zurückgekommen war. Sie lud uns ein, mit ihr zu kommen, wir durften uns für eine Nacht sein Bett teilen. Das blieb aber eine Ausnahme, sowohl das Bett als auch die Anteilnahme, die damit verbunden war.

Insgesamt waren die Menschen, denen wir begegneten, eher desinteressiert. Es waren ja so viele unterwegs, so viele Schulen, die evakuiert worden waren, und deren Schüler nach Hause wollten, genauso Soldaten, die der Krieg entlassen hatte und die vielen Flüchtlinge von überall her. Wir konnten nicht mit besonderer Hilfe oder Aufmerksamkeit rechnen, wir waren einfach nur drei bzw. später zwei von einem ganzen Strom von Unbehausten.

Um Essen haben wir gebettelt. Es blieb uns ja nichts anderes übrig. Wir sind von Haus zu Haus gezogen und haben nach Essen gefragt. Manchmal wurde uns die Tür vor der Nase zugeschlagen. Eine Situation habe ich in ganz besonderer Erinnerung, da ging die

Tür so schnell wieder zu, dass ich sie fast auf die Nase bekommen hätte und mich furchtbar erschrak. Aber meistens hatten die Menschen Mitleid und gaben uns irgendwas. Sie sahen ja, dass wir auf dem Nachhauseweg waren, wie so viele. Das war gar nichts Besonderes. Wir haben aber auch nicht dazu gesagt, dass wir Napolaschülerinnen waren, sondern nur, dass wir mit unserer Schule evakuiert waren und nach Hause wollten, wie so viele, die unterwegs waren, und das stimmte ja auch. Festmahle haben wir in dieser Zeit nicht zu uns genommen, aber schlimm gehungert haben wir auch nicht. Es muss noch relativ weit im Süden gewesen sein, als wir auf zwei Wehrmachtssekretärinnen stießen, die in Italien stationiert gewesen waren und auch nach Hause wollten. Eine von ihnen kam aus Münster, die andere aus Hagen, also fast aus meiner Heimat. Mit ihnen zusammen wurden wir von einer Gruppe französischer Soldaten aufgesammelt, die anboten, uns ein Stückchen mitzunehmen. Sie schärften uns ein, dass wir ja flach auf der Liegefläche ihres Lasters verharren sollten, denn sie dürften eigentlich keine Zivilisten mitnehmen. Wir legten uns also ganz brav dorthin und freuten uns, dass die Fahrt so lange dauerte. Das sollte uns ja wohl ein gutes Stück auf dem Weg nach Norden helfen! Irgendwann wurde ich aber unruhig, die ganze Sache begann, mir komisch vorzukommen. Ich hörte viele Männerstimmen ringsumher, das Auto stand mit laufendem Motor und ich dachte: Irgendetwas stimmt hier nicht. Trotz des ausdrücklichen Verbotes richtete ich mich auf und schaute über die Seitenwände des LKW. Wir standen in der Schlange vor einem Grenzübergang nach Frankreich! Ein paar Soldaten am Straßenrand entdeckten mich und schrien ganz aufgeregt. Wir mussten sofort runter vom Wagen, unsere Klamotten wurden durchsucht, alles rausgeschmissen. Die Soldaten lachten, als sie unsere Unterwäsche fanden. Aber sie merkten wohl, dass wir einfach nur Heimkehrerinnen waren, die nach Hause wollten, keine Waffen oder sonst etwas besaßen und schickten uns weg. Ich war heilfroh, dass ich die Eingebung gehabt hatte, mich aufzurichten. Ich denke, die Franzosen hatten ein Auge auf die beiden Sekretärinnen geworfen und wollten sie mit nach Frankreich nehmen. Wir Sechzehnjährigen waren wohl eher aus Zufall in ihre Fänge geraten. Obwohl wir ein großes Stück der Strecke, die wir mit dem LKW zurückgelegt hatten, mühsam zurücklaufen mussten, bis wir wieder in die richtige Richtung unterwegs waren, überwog unsere Erleichterung, nicht nach Frankreich verschleppt worden zu sein.

Das Ausmaß der Zerstörung wurde mir erst auf dem Weg nach Hause so richtig deutlich, je weiter nach Norden wir kamen. Im Schwarzwald und am Rhein entlang hatten wir bis auf Koblenz keine größeren

Städte betreten, und Koblenz hatte es nicht so schwer erwischt. So traf mich der Zustand von Köln umso schlimmer, den habe ich gar nicht fassen können.

Mit der Sekretärin aus Hagen war ich fast bis zum Schluss zusammen, wir sind in Hagen gemeinsam aus dem Zug ausgestiegen. Normalerweise hätte ich von hier einen Zug nach Herdecke nehmen können, aber die fuhren nicht, ich musste also wieder laufen. Irgendwo las mich ein Pferdefuhrwerk für eine Strecke auf, dann ging es wieder zu Fuß weiter. In der Nähe von Altenhagen begegnete mir ein älterer Mann mit einem Handwagen, der mich mitleidig ansah und fragte, wo ich mit meinem schweren Rucksack denn hinwollte? Ich erzählte ihm, dass ich aus der Evakuierung nach Hause kam und nach Kirchende musste. Er bot mir an, den Rucksack auf sein Handwägelchen zu laden, darüber war ich sehr glücklich. Er nahm mich erstmal mit zu seiner Frau nach Hause und lud mich zum Essen ein. Das ist eine ganz starke Erinnerung, die ich habe: Ich saß mit den beiden am Tisch und sah zu, wie sie - ja was? Etwas sprachen und ein Kreuzzeichen machten. Die beteten! Das hatte ich noch nie erlebt, mit Kreuzzeichen und allem Drum und Dran.

Nach dem Mittagessen schrieben sie ihre Adresse auf einen Zettel und boten mir an, den Rucksack bei ihnen stehen zu lassen. Ich sollte nach Hause laufen und ihn am nächsten Tag mit dem Fahrrad holen. Das war eine ganz große Hilfe für mich.

Nach elf Tagen war ich endlich zu Hause.
Nach meinem Dafürhalten wohnten wir im Erdgeschoss. Ich öffnete die Tür und grüßte: „Guten Tag“, da blickte ganz erstaunt eine Mieterin auf, die bei meinem letzten Besuch in Kirchende noch unterm Dach gewohnt hatte, und meinte: „Ihr wohnt jetzt oben.“ Ich sprang die Stufen hoch, alle sechs Treppen. Meine Mutter saß mit „Tatta“ in der Küche, ins Gespräch vertieft. Ich kam in die offene Tür rein, das Herz schlug mir bis zum Hals: „Guten Tag.“ Meine Mutter schaute hoch, sagte kurz: „Tag, Inge“, und redete weiter mit ihrer Schwester. Aber mit ein paar Sekunden Verzögerung sprang sie auf und schrie: „Inge, Inge!“ Da hatte sie meine Ankunft erst richtig registriert und Aufregung und Freude waren groß. Auch bei meinem Vater, der abends von der Arbeit kam. Meine Eltern hatten schon geplant und beschlossen, dass er ein paar Tage später mit dem Rad losgefahren wäre, mich zu suchen. Aber wie hätte er mich da treffen sollen? Nun brauchte er nur bis nach Altenhagen zu fahren und meinen Rucksack bei dem freundlichen Ehepaar abzuholen. Meine Eltern waren überglücklich, dass ich nun wieder zu Hause war. Da keine Post mehr durchkam, hatten sie nichts über meinen Verbleib gewusst und große Angst um mich ausgestanden. Hinzu kam,

dass auch Wilhelm noch nicht wieder da war. Als 1927 Geborener gehörte er nach Ablegung eines Notabiturs zu den Jüngsten, die noch eingezogen worden waren. Meine Eltern wussten nichts darüber, wo er abgeblieben war. Aber das war keine Einzelfall, alle seine Mitschüler waren eingezogen und keiner von denen war schon wieder zu Hause. Es konnte ja nicht sein, dass die alle gefallen waren. Meine Eltern rechneten fest damit, dass er wiederkommen würde, aber sicher wissen konnte man das natürlich nie. Umso größer war die Erleichterung, dass wenigstens schon mal ein Kind wieder zu Hause war. Wilhelm kam zu unserem großen Glück tatsächlich ein Vierteljahr nach mir nach Hause; er war in Frankreich oder Belgien in Kriegsgefangenschaft geraten und erst im Herbst entlassen worden.

„Der Zusammenbruch war heftig, weil man für sich selber auch nicht weiterwusste."

Nachkriegszeit Sommer 1945 bis Anfang 1948

Ich war froh, wieder zu Hause zu sein, aber damit begann auch eine schwierige Zeit des Übergangs, eine Zeit, in der nichts stattfand. Alle mussten sich erst wieder sammeln. Natürlich konnte meine Mutter mich zu Hause gut gebrauchen mit meiner kleinen Schwester, die ja erst ein Jahr alt war. Auch musste man sich sehr um Lebensmittel bemühen, wenn man nicht hungern wollte. Dabei hatten wir noch Glück, wir hatten einen großen Garten, zumindest für einen Grundstock an Kartoffeln und Gemüse war gesorgt. In der Nähe hatten meine Eltern außerdem noch ein Kartoffelfeld gemietet, aber zwei Tage, bevor wir ernten wollten, hatte jemand alle Kartoffeln ausgebuddelt, alles gestohlen. Das war damals fast üblich, damit musste man rechnen, zumal das Feld zwar nah am Haus lag, aber nicht direkt von dort zu sehen war. Kartoffelschalen wurden sauber gebürstet und im nächsten Eintopf mitverkocht. Als Roggen und Weizen geerntet wurden, liefen wir hinter den Maschinen und Pferdewagen her und sammelten mit Erlaubnis des Bauern die Ähren, die liegenblieben, auf. Zu Hause pulten wir die Körner raus, mahlten sie mit einer alten Kaffeemühle und backten Brot. Es begann die

Zeit des Einkochens und Einmachens, aber all diese Tätigkeiten konnten mich nicht vollständig erfüllen und ich sehnte mich danach, wieder zur Schule zu gehen und weiterzulernen. Aber Schulen waren noch nicht offen.

Nachdem ich wieder zu Hause war, habe ich mich oft gefragt: „Was ist Wahrheit?“ Ich hatte mich nie gefragt, ob der Nationalsozialismus wahr war, ich war in dessen Ideologie einfach so reingewachsen, kannte gar nichts anderes und hatte als Kind und vor allem als Napolaschülerinalles selbstverständlich daran geglaubt. Aber als ich nun nach und nach mitbekam was alles gar nicht stimmte von dem, was uns als wahr vorgegeben worden war, erlebte ich einen furchtbaren Absturz. Alles, womit ich groß geworden war, ging den Bach runter, alles brach zusammen und ich war maßlos enttäuscht.

Mich quälte auch die Frage, ob es Gott gab oder nicht? Was war denn hier wahr? Ich hatte in meinem Leben noch nie Religionsunterricht gehabt, war von meinen Eltern nicht in irgendeinem Glauben erzogen worden. Trotzdem hatte ich immer „gebetet“, obwohl ich gar keine Berührung mit der Kirche hatte. Angefangen hatte das damit, dass meine Mutter abends vor dem Einschlafen mit mir und meinem Bruder, als wir noch ganz klein waren und ein gemeinsames Zimmer bewohnten, aufsagte: „Ich bin klein, mein Herz ist rein, soll niemand drin wohnen als Jesus allein.“ Das war von ihr nicht als Gebet im eigentlichen Sinne gemeint, das hatte keinen christlichen Hintergrund, sondern war das Signal für uns, dass es Zeit war, einzuschlafen, eine allabendliches Ritual, dass zum Zubettgehen dazu gehörte. Wir hätten auch einen weltlichen Reim aufsagen können, der hätte den gleichen Zweck erfüllt. Komischerweise hat das bei mir trotzdem dazu geführt, dass ich später allabendlich ein freies Gebet sprach, auch auf der Napola, ohne mir so richtig konkret Gedanken dazu zu machen, mit oder zu wem ich eigentlich und warum betete. Aber nun war ich verunsichert: Gab es Gott überhaupt? Stimmte er vielleicht auch nicht? Oder gerade doch? Diese Frage hat mich sehr gequält. Einerseits war ich zur Untätigkeit verdammt, es gab nicht viel zu tun, andererseits quälten mich diese Fragen, das war eine überaus schwierige, rastlose Zeit. Der Zusammenbruch war heftig, weil man für sich selber auch nicht weiterwusste.

Ich war sehr erleichtert, als es im Januar 1946 hieß, in Witten habe die erste Oberschule wieder aufgemacht. Eineinhalb Stunden Fußmarsch konnten mich nicht vom Besuch der Schule abhalten, ich musste das aber auch nicht allzu lange durchhalten, denn etwa drei Monate später machte die Oberschule in Hagen auf. Von da an musste ich nur noch bis Herdecke laufen und konnte mit dem Zug nach Hagen fahren. Vom

Bahnhof aus war es dann nochmal eine halbe Stunde Fußweg, aber wir waren das Laufen gewohnt. Im Sommer 1946 ließ mich der Direktor zu sich rufen. Ich hatte Deutsch bei ihm, eines meiner Lieblingsfächer, in dem ich auch sehr gut war. Der Direktor teilte mir daher bedauernd mit, dass ich „gestrichen worden sei". Als ehemalige Napolaschülerin sei ich für die Schule untragbar. Ich habe das immer so verstanden, dass diese Ablehnung von der Besatzungsmacht ausging, aber vielleicht war es auch eine deutsche Stelle, die darüber bestimmte, das weiß ich nicht. Der Direktor selber war es jedenfalls nicht, mit dem verstand ich mich sehr gut und er schätzte mich als Schülerin. Kurz darauf nahm meine alte Schule wieder den Betrieb auf, die Aufbauschule in Herdecke. Ich wandte mich an den Schulleiter, und fragte ihn, ob er mich als Schülerin aufnehmen würde. Aber er wusste, wo ich herkam, und lehnte mich ab. So war ich gezwungen, wieder zu Hause zu bleiben.

In dieser Zeit bekam ich auch einen Brief von unserer ehemaligen Napola-Klassenlehrerin, Frau Potthas. Sie saß in Trier auf der Anklagebank, weil die beiden Luxemburgerinnen, die mit uns in Kolmarberg gewesen waren, sie angezeigt und ausgesagt hatten, dass es auf dem Schloss ein Prügelzimmer gegeben habe und diese Lehrerin sie hier und anderswo gequält und mit harten Strafen belegt hätte. Ich vermute, dass sie zu Hause in Luxemburg sehr unter Druck standen, weil sie auf diese nationalsozialistische deutsche Schule gegangen waren, und sich jetzt als Opfer darstellen mussten. Ich antwortete dem Rechtsanwalt von Frau Potthas und schrieb, dass diese Anschuldigungen jeglicher Grundlage entbehrten. Frau Potthas sei eine der beliebtesten Lehrerinnen gewesen und ihre unzweifelhafte Strenge sei eher mütterlicher Art gewesen. Offensichtlich haben viele auf diese Weise geantwortet und die vollkommen aus der Luft gegriffen Anschuldigungen wiederlegen können, denn sie ist freigesprochen worden. Frau Dr. List wurde als Anstaltsleiterin in einem anderen Prozess ebenfalls angeklagt und zu mehreren Jahren Gefängnis verurteilt. Persönlich hatte ich sie ich sehr gemocht. Aber als Anstaltsleiterein war sie eben auch in besonderer Weise Teil des nationalsozialistischen Systems, das uns durch geschickte Psychologie, fortgesetzte Indoktrination und einen gelenkten Informationsfluss in seinen Bann geschlagen hatte, aus dem wir uns nun mühsam zu lösen hatten. Für mich war es schwer, diese beiden Seiten ihrer Person zusammenzubringen.

Meine Mutter war gar nicht so unglücklich darüber, dass ich die Oberschule verlassen musste, denn sie war erneut schwanger. Mein kleiner Bruder kam Anfang 1947 zur Welt. Wir stellten uns vor, ihn Norbert zu nennen, aber mein Vater wollte den Namen Friedrich und meldete ihn auch so am Standesamt an. Dagegen liefen wir Sturm und opponierten so lange, bis meine Mutter zum Standesamt ging und ihn ummeldete, obwohl das 50 Mark kostete. Aber wir hatten sie so unter Druck gesetzt, dass sie diese Kosten in Kauf nahm. Geld hatte ohnehin wenig Wert. Nun half ich ihr, meine kleinen Geschwister zu versorgen und arbeitete im Haushalt mit. Da war ich schon sehr angesagt, denn meine Mutter hatte, gelinde gesagt, einen Putzfimmel. Es gab jede Woche einen Hausputz: Von den Lampen angefangen musste jedes einzelne Teil abgewischt und abgeschrubbt werden, jede Woche. Die Küche musste jeden Tag gewischt werden. Ich hatte viele Verpflichtungen im Haushalt, aber vor allem habe ich geputzt. Was blieb mir anderes übrig?

Ein kleiner Lichtblick in dieser Zeit waren die Abende, an denen sich die Jugendgruppe der katholischen Gemeinde traf. Eine Freundin hatte mich dorthin mitgenommen und meine Eltern ließen mich gewähren, haben das gar nicht kommentiert. An diesen sogenannten Heimabenden wurden Lieder gesungen, über bestimmte Themen gesprochen, zu denen Mädchen aus der Gruppe oder auch der Pfarrer etwas vorbereitet hatten oder es war einfach nur ein fröhliches Beisammensein. Mir gefielen diese Abende, aber sie lieferten keine Antwort auf meine drängende Frage, ob es Gott wirklich gab?

In dieser Zeit, zwei, drei Jahre nach dem Krieg, sickerte langsam durch Zeitungsberichte und Radioreportagen in mein Bewusstsein, dass all das, was mir in der Schule über Konzentrationslager erzählt worden war, dass dort Arbeitsscheue zur Arbeit erzogen würden und ansonsten Verbrecher inhaftiert seien, nicht nur nicht stimmte, sondern die Wirklichkeit unvorstellbar viel schlimmer war.

Am Anfang habe ich das schlicht nicht geglaubt. Ich habe einfach nicht für möglich gehalten, dass diese grausamen Verbrechen, die dort geschildert wurden, die systematische Ermordung von Menschen, möglich war, passiert sein sollte. Ich weigerte mich, so etwas Entsetzliches zu glauben. Ich war sicher, dass in der aktuellen Regierung Menschen saßen, die die Nazis mit aller Macht schlecht machen wollten, die vor gar nichts zurückschreckten. Als die Informationen aber immer mehr wurden und immer klarer wurde, dass diese Verbrechen wirklich geschehen waren, habe ich begonnen, mich furchtbar zu schämen. Von da an habe ich niemandem mehr erzählt, dass ich eine Napolaschülerin war. Ich versuchte, mich vor mir selber in Schutz zu nehmen und zu verteidigen: Ich war ein Kind gewesen, ich hatte nicht gewusst, nicht einmal geahnt, was da passierte. Aber es war nicht zu leugnen – ich hatte zu „ihnen“ gehört. Obwohl mir, gerade im Rückblick, immer klarer wird, wie ich als Kind darein geraten bin, wie geschickt die Nazis vorgegangen sind, wie sie mich „gekriegt“ haben, auch wenn ich mir immer wieder sage, wie jung ich noch war, als ich nach Kolmarberg kam: Ich hatte auf der falschen Seite gestanden. Ein gewisser Rest Scham ist mir immer geblieben, ein schlechtes Gefühl, das schmerzte, je klarer ich die Nazizeit im Rückblick sah, je mehr ich darüber erfuhr, je mehr ich mich davon distanzierte und sie nur noch als die Unterdrücker und Verbrecher sah, die sie tatsächlich waren.

Anfang 1947 hörte ich, dass in Dortmund ein Abendgymnasium aufgemacht hatte, schon vor einiger Zeit, das in drei Jahren zum Abitur führen sollte. Ein Jahrgang bestand schon, ein zweiter sollte dieses Frühjahr aufgenommen werden. Ich meldete mich dort an und hoffte sehr, dass meine schulische Herkunft hier keine Rolle spielen würde. Tatsächlich bekam ich keinerlei Schwierigkeiten. Die Aufnahmeprüfung sah so aus, dass man ein halbes Jahr am normalen Unterricht teilnahm. In unserem Jahrgang gab es zwei Klassen, die beide gerammelt voll mit jungen Männern waren, lauter Kriegsheimkehrer, die zu alt für eine normale Schule waren oder tagsüber Geld verdienen mussten. Mädchen gab es im ganzen Jahrgang nur eine Handvoll. Nach einem halben Jahr wurden aus beiden Klassen insgesamt drei Schüler in die Unterprima, den Jahrgang über uns, hochgestuft. Das waren zwei junge Männer und ich. Etwa die Hälfte des jüngeren Jahrgangs wurde übernommen und zu einer Klasse zusammengelegt.

Während ich auf dem Abendgymnasium war, lernte ich meinen ersten Freund kennen. An die Umstände kann ich mich gar nicht mehr erinnern; ich meine, dass er Architektur in Frankfurt studierte. Das war nur eine ganz kurze Beziehung, die für mich trotzdem bedeutsam werden sollte, denn dieser junge Mann, dessen Namen ich nicht einmal mehr weiß, bestand darauf, mich seiner Mutter vorzustellen, die in Schwerte lebte. Damit lernte ich eine sehr kluge und tiefgläubige Frau kennen, die mir viel über das Christentum erzählte. Ich denke, diese Kombination von Gläubigkeit und Bildung war für mich ganz wichtig, das war für mich zum damaligen Zeitpunkt genau die richtige Mischung. Wir trafen uns eine Zeitlang regelmäßig, sie brachte mir Bücher mit, über die wir sprachen. Das war ja genau die Zeit, in der ich suchte, mich fragte: „Was ist denn wahr?" und „Gibt es Gott wirklich?"
Diese Frau hat für mich eine Verbindung zum Prior des Hagener Franziskanerkloster hergestellt, zu dem ich dann jede Woche fuhr. Jede Woche freute ich mich schon lange vorher auf die Gespräche mit Pater Ubald und fuhr auch häufiger sonntags zu Gottesdiensten in die Klosterkirche. In dieser Zeit habe ich erst erfahren, dass mein Geburtstag auf das Dreikönigsfest

fällt, meine Eltern hatten das nie für erwähnenswert gehalten. Sie beobachteten auch jetzt mein Engagement aus der Ferne und kommentierten das nicht weiter. Vielleicht haben sie es als Spleen abgetan.
Vier Monate später starb der betagte Pater, aber vorher ließ ich mich von ihm taufen, katholisch, obwohl meine ganze Familie evangelisch war. Ich spürte, dass das richtig war. Überhaupt hatte ich das Gefühl, dass mein Leben langsam wieder in die Spur geriet.
Da geschah die Sache mit meinem Vater.

„Und dann geschah die Sache mit meinem Vater."

Als junge Berufstätige 1948-1955

Anfang 1948 standen meine Mutter und ich fassungslos in der Küche und beobachteten, wie zwei Polizisten den Inhalt unserer Schränke untersuchten. Mein Vater war bereits verhaftet und abgeführt worden und saß auf der Rückbank des Polizeiautos, das vor unserem Haus stand. Dabei hatte er nichts gesagt, kein Wort gesprochen, die ganze Zeit kein Wort gesprochen. Er war einfach stumm mitgegangen.
Ich habe nie verstanden, was ihm im Einzelnen vorgeworfen wurde, es ging wohl um so etwas wie Insolvenzverschleppung. Mein Vater war im Krieg als Maschinenbaumeister als Montageleiter auf einem Ingenieursposten eingesetzt worden, weil so viele Fachleute eingezogen waren, und hatte hervorragende Arbeit geleistet. Nach dem Krieg beschloss er, diese Arbeit weiterzumachen, aber nicht mehr als Angestellter. Er machte sich selbstständig. Dabei war er ein hervorragender Fachmann aber ein miserabler Kaufmann. Er hatte recht schnell sechs oder sieben Mitarbeiter, denen er über Monate hinweg Gehalt zahlte in der Hoffnung, dass sicher bald der nächste Auftrag kommen würde. Wir hatten keine Ahnung gehabt, wie schlimm seine wirtschaftliche Lage war,

nicht den blassesten Schimmer. Umso größer war unser Entsetzen, als wir jetzt den Polizisten bei ihrer fruchtlosen Suche nach Geld zusahen.
Meine Mutter legte sich ins Bett und stand zwei Tage lang nicht wieder auf.
Mir wurde schlagartig bewusst: „Jetzt bist du dran, jetzt musst du Geld verdienen!“ Ich dachte nicht eine Sekunde daran, nach Hilfe zu suchen. Der Gedanke kam mir gar nicht. Wo hätte ich die auch finden sollen? Mir war von einem Moment auf den anderen klar, dass ich jetzt alles andere fallen lassen und arbeiten musste. Dabei war mir zu diesem Zeitpunkt noch gar nicht bekannt, wie schlimm die Lage wirklich war, denn das notwendige Geld für die fälligen Gehälter hatte mein Vater sich bei der Bank geliehen und sowohl meine Mutter als auch ihre Schwester davon überzeugt, mit ihren jeweiligen Haushälften für die Kredite zu bürgen. Wir verloren also auch das Haus. Ich habe meinem Vater nie Vorwürfe gemacht, weil mir immer klar war, dass er alles dran gesetzt hatte, die Familie zu versorgen und immer in der festen Hoffnung gelebt hatte: „Ich bekomme neue Aufträge!“ Ich habe ihn nie verurteilt, aber schon sehr klar gesehen, dass er keine Ahnung von kaufmännischen Gepflogenheiten hatte, nicht die geringste Ahnung.
Am Morgen nach der Verhaftung meines Vaters stellte ich mich in Dortmund beim Arbeitsamt vor und erklärte, dass ich sofort Arbeit bräuchte. Ich hätte

keinerlei Erfahrung, keinerlei berufliche Kenntnisse, nur Schule, bräuchte aber eine Stelle und zwar sofort. Damals wurden Arbeitskräfte händeringend gesucht, das war mein Glück. Auf dem Amt gab mir der zuständige Sachbearbeiter sofort ein paar Adressen mit, bei denen ich mich vorstellen sollte. Die entsprechenden Betriebe lagen über ganz Dortmund verteilt und ich hatte nicht einmal mehr genug Geld für eine Busfahrkarte. Ich hatte schon Glück, dass ich überhaupt noch bis Dortmund hatte fahren können, da ich als Schülerin für diese Strecke eine Dauerfahrkarte besaß. In den ersten beiden Betrieben, in denen ich mich meldete, waren die Stellen gerade vergeben worden – leider. Die dritte Firma lag tief im Dortmunder Norden, im Hafen. Den ganzen Vormittag wanderte ich dorthin, quer durch Dortmund, und erreichte sie gegen Mittag. Ich wurde zum Direktor dieses Werkes, der Vereinigten Asbestwerke Danco - Wetzell & Co vorgelassen und erklärte ihm, dass ich dringend Arbeit bräuchte. Daraufhin, diese Szene ist mir noch sehr lebendig vor Augen, wies er mit einer Hand auf einen Stapel Mappen, die vor ihm auf dem Tisch lagen und sagte: „Schauen Sie mal hier, ich habe gerade eine Annonce geschaltet und solch einen Stapel Bewerbungen erhalten. Und die schiebe ich jetzt alle beiseite…", er tat es, deutete mit dem Finger auf mich und fuhr fort: „…und stelle Sie ein!" Ob ihn meine Entschlossenheit, Arbeit zu finden, beein-

druckt hatte oder ob er nur keine Lust hatte, sich durch diesen Stapel an Bewerbungsunterlagen zu arbeiten? Auf jeden Fall konnte ich direkt am nächsten Tag anfangen. Ich war heilfroh, ich durfte nicht ohne eine Stellung nach Hause kommen. Wir hatten buchstäblich überhaupt kein Geld mehr, keinen Pfennig. Ich musste sofort verdienen.
Einerseits war ich sehr erleichtert, andererseits war die Lage der Firma im Dortmunder Hafen für mich mehr als ungünstig. Kirchende lag südlich von Dortmund. Von zu Hause musste ich mit dem Bus bis an den südlichen Stadtrand fahren, wo auch das Abendgymnasium lag, dort umsteigen bis zum Volksbad, von da mit der Straßenbahn in den Norden fahren und zum Schluss noch etwa 20 bis 25 Minuten laufen. Das war wahnsinnig zeitaufwendig. Vormittags „passten" die Anschlüsse einigermaßen, dann ging es, aber am späten Nachmittag brauchte ich zweieinhalb Stunden für den Weg. Meine Arbeitszeit endete in etwa, wenn der Unterricht im Abendgymnasium auf der anderen Seite Dortmunds begann; ich hatte keine Chance, rechtzeitig da zu sein und musste auf einen weiteren Schulbesuch verzichten.

Das alles ist mir sehr schwergefallen, nicht nur der Abbruch der Schule und die Arbeit in einem Bereich, den ich mir nie ausgesucht hätte. Auch meine Mutter behandelte mich von einem Tag auf den anderen so, als ob ich nun die Hauptverantwortung für die Familie trug. Mit allen Entscheidungen wandte sie sich an mich, auch in Fragen, die meine jüngeren Geschwister betrafen. Ich sollte plötzlich alles entscheiden und zu sagen haben, auch in dieser Hinsicht meinen Vater ersetzen und ich war doch noch keine zwanzig Jahre alt. Das hat mir oft zu schaffen gemacht und mich sehr belastet. Ich habe oft abends im Bett geweint.

Hinzu kam, dass meine Mutter selber kaum noch unter Leute gehen mochte, unter der Blamage der Verhaftung ihres Ehemannes litt und darunter, dass sie das Haus verloren hatte. Die ganze Situation belastete sie sehr.
In dieser Situation, als sich das Leben plötzlich so ganz anders entwickelte, als ich mir erträumt und erhofft hatte und ich zudem von einem Moment auf den anderen eine viel zu große Verantwortung trug, war mir die gefundene Religion eine Riesenhilfe.

Weil ich nun gar keine Vorkenntnisse hatte, war ich bei Danco-Wetzell zunächst lediglich dafür verantwortlich, eine Kartei zu führen. Ich verdiente nicht gerade viel, aber ich gab alles zu Hause ab und es reichte, uns zu ernähren. Einige Monate später kam Miete hinzu, weil unser Haus ja an die Bank fiel, aber da war ich schon „aufgestiegen“ und verdiente deutlich mehr. Ich hatte sofort in den ersten Wochen meiner Berufstätigkeit angefangen, mir mit Hilfe von Büchern Stenografieren und Maschinenschreiben beizubringen, eine Schreibmaschine besaßen wir, weil mein Vater sie für seine Arbeit angeschafft hatte, und wurde Kontoristin. Von nun an saß ich in einem großen Raum mit fünf anderen Bürokräften und klapperte meist auf der Schreibmaschine vor mich hin. In der Nähe meines Schreibtisches hing ein Waschbecken an der Wand. Von Zeit zu Zeit kam ein junger Mann herein, der ein paar Büros weiter am Schreibtisch saß, um sich hier die Hände zu waschen. Nach einiger Zeit fiel mir auf, dass er immer häufiger kam und beim Händewaschen zu mir rüber schielte. Kurz darauf begegnete ich ihm auf dem Weg zur Straßenbahn und wir gewöhnten uns an, den Fußweg von 20 oder 25 Minuten gemeinsam zurückzulegen. So fing unsere Beziehung an. Mittlerweile hatte ich in Erfahrung gebracht, dass er Einkäufer war und Herbert Guntenhöner hieß. Nach einigen Monaten fragte er mich in der Straßenbahn, ob ich vielleicht noch eine Tasse Kaffee mit ihm trinken würde. Wir saßen gemeinsam im Café und stellten fest, dass wir sehr ähnliche Erfahrungen gemacht hatten, ich als Napolaschülerin und er als Sohn eines total überzeugten, engagierten Nazis und Ortsgruppenleiters. Er war Luftwaffenhelfer gewesen und genau wie mein Bruder, mit dem er gleich alt war, nach dem sogenannten

Auf einem Betriebsausflug von Danco-Wetzell 1951

Notabitur eingezogen worden. Nach Ende des Krieges hatte er sich irgendwie nach Hause durchschlagen müssen, ähnlich wie ich. Das verband uns am Anfang miteinander, da waren Berührungspunkte durch die Erlebnisse und Lehren der Vergangenheit, obwohl wir das später nie besonders viel thematisierten, nicht darüber zu sprechen brauchten, weil wir uns vorstellen konnten, was der andere durchgemacht hatte und neu hatte erkennen müssen.

Nach etwa eineinhalb Jahren waren wir ein Pärchen. In der Regel trafen wir uns nur am Wochenende, denn es wurde ja lange gearbeitet. Aber am Wochenende machten wir lange Spaziergänge gemeinsam, genossen Kinovorstellungen und bald „gingen" wir so fest miteinander, dass wir uns gegenseitig bei unseren jeweiligen Familien besuchten.

Als mein Vater nach zwei Jahren wiederkam, war das eine riesige Erleichterung für mich, obwohl er zunächst ein halbes Jahr arbeitslos war. Aber dann fand er eine sehr gute Stelle als Montageleiter und von da an ging es zu Hause bergauf. Nicht nur bei uns, sondern auch bei Tante Elfriede, der mein Vater seit diesem Zeitpunkt jeden Monat eine Summe Geld überwies und so einen großen Teil ihres Verlustes wieder gutmachen konnte. Über Jahre hinweg war er in Südafrika eingesetzt und hat dort wirklich gut verdient.

Vier Jahre nachdem ich bei Danco-Wetzell angefangen hatte, las ich in der Zeitung, dass für die neu gegründete Daimler-Benz-Niederlassung im Süden Dortmunds eine Sekretärin für einen der Abteilungsleiter gesuchte wurde. Das bedeutete wieder einen

Sprung nach oben; außerdem lag Daimler-Benz viel näher an Kirchende. Daher bewarb ich mich und wechselte 1952 dorthin. Im Wesentlichen nahm ich als Sekretärin Diktate auf; als Chefsekretärin und ein bisschen galt das auch für die Sekretärin eines Abteilungsleiters, hatte man schon einen gewissen Stand, man war eine Vertrauensperson des Chefs und wurde von den anderen dementsprechend respektiert. Aber natürlich gehörten auch so simple Dinge wie Kaffeekochen zu meinen Aufgaben.

Ich hatte beglückt festgestellt, dass Herbert meine Liebe zu den Bergen teilte. Im Sommer 1953 fuhren wir mit einer Gruppe des Deutschen Alpenvereins nach Berchtesgaden. Das erste Mal konnte ich die Berge, die ich bis dahin hauptsächlich vom Sehen und Lesen kannte, von Nahem erkunden und sie hielten alles, was „Heidi“ mir versprochen hatte. Mein Glück war perfekt, als Herbert und ich uns im urigen Schankraum der Schutzhütte, in der unsere Gruppe untergebracht war, verlobten. Wieder zu Hause

Verlobung 1953

Die Berge hielten, was „Heidi" versprochen hatte.

stellte ich beim Amt einen Antrag auf Zuteilung einer Wohnung, Wohnraum war ja noch Mangelware und wurde bewirtschaftet. Aber wie sollten wir heiraten, wenn wir keine Bleibe hatten?

Die damals noch übliche Verlobung war ein bindendes Eheversprechen; man tauschte Ringe, die man jedoch zunächst an der linken statt an der rechten Hand trug. Das war ein großer Schritt. Warum dennoch soviel Zeit verging, bis wir heirateten, lag nicht nur am mangelnden Wohnraum, sondern nicht zuletzt auch daran, dass wir uns nicht einigen konnten, wie. Für mich kam nur eine kirchliche, am liebsten katholische Feier in Frage. Dazu hätte ich Herbert aber nie bewegen können. Seine ganze Familie war ursprünglich evangelisch gewesen, aber aus der Kirche ausgetreten und von einem regelrechten Hass darauf erfüllt, die nur noch von ihrer Abneigung gegen Katholiken übertroffen wurde. Zunächst weigerte Herbert sich sogar, sich überhaupt kirchlich trauen zu lassen, bis ich konterte: „Dann eben gar keine Trauung!" Das wollte er natürlich auch nicht. So ging das hin und her über eine längere Zeit, bis wir schließlich den Kompromiss schlossen, uns evangelisch trauen zu lassen. Das Thema Kirche war von Anfang an sehr schwierig bei uns, aber wir waren einfach verliebt, ich war fasziniert von diesem gutaussehenden Mann, der wissenschaftlich so sehr interessiert war, mit dem ich hervorragend über alle möglichen Themen reden konnte, mit dem mich auch eine ähnliche Vergangenheit verband, so dass wir dieses eine Problem, das uns trennte, einfach beiseite schoben.

Im Februar 1955 bekam ich vom Dortmunder Wohnungsamt eine Dreizimmerwohnung in der Redtenbacher Straße in der südlichen Innenstadt, einem sehr gut angesehenen Wohnviertel Dortmunds, angeboten. Eine abgeschlossene Etagenwohnung mit Bad und Balkon! Das war auch 1955 noch absolute Mangelware! Voraussetzung dafür, dass wir sie mieten durften, war allerdings, dass wir heirateten.

Hochzeit 1955

So geschah es, dass der evangelische Pfarrer von Kirchende mich, die Katholikin und den aus der Kirche ausgetretenen Herbert am 12.2.1955 traute. Anschließend fuhren wir ins Sauerland, wo gute Freunde meiner Schwiegereltern außerhalb von Warstein ein Ausflugslokal besaßen. Dort saßen wir zur Feier des Tages zusammen, meine Schwiegereltern, meine Mutter, Herbert und ich. Mein Vater war irgendwo in der Weltgeschichte unterwegs und hatte zu der Feier, die jetzt unvorhergesehen schnell über die Bühne gehen musste, um den Vorgaben des Wohnungsamtes zu genügen, nicht kommen könne. Meine kleinen Geschwister waren bei Tante Elfriede untergebracht. Eine große Feier, zu der man Freunde und die erweitere Familie einlud, war damals nicht üblich. Niemand verfügte über den notwendigen Raum und die entsprechenden finanziellen Mittel.

Wohnglück mit Nierentisch

Seit mein Vater wieder arbeitete, hatte ich einen großen Teil meines Gehaltes sparen können. Herbert hatte das ebenso gehalten, so konnten wir uns eine Grundausstattung an Möbeln kaufen und unsere erste gemeinsame Wohnung beziehen. Unseren ersten eigenen Hausstand habe ich so genossen!

Erstmal vereinfachte sich mein Alltag dadurch, dass sich mein Arbeitsweg auf eine Viertelstunde Fußweg reduzierte. Vor allem aber hatte ich mich mit meiner Mutter nicht immer gut verstanden, es hatte natürlich Reibereien gegeben, unterschiedliche Auffassungen in der Haushaltsführung; da raus zu sein war eine Erleichterung.

Obwohl ich nach der Eheschließung voll berufstätig blieb, erledigte ich in unserem neuen Zuhause die komplette Hausarbeit, das war damals eben so und wurde auch von keinem von uns beiden in Frage gestellt. Als erste Amtshandlung habe ich mir erst mal ein Kochbuch gekauft…

Ich genieße das unabhängige Leben.

„Die wunderbare Chance, etwas aufzubauen“

Wirtschafts- und Familienwachstum 1955- 1980

Mein Mann hatte schon vor mir bei Danco-Wetzell gekündigt. Sein Vater hatte sich mit einer Firma, die Büromaterial vertrieb, selbstständig gemacht. Herbert stieg bei ihm ein und erweiterte das Angebot der Fa Guntenhöner um die Sparte Büromöbel, die er kontinuierlich ausbaute. Je mehr er zu tun hatte, desto häufiger sprach er davon, ich solle doch bei Daimler-Benz aufhören und bei ihm anfangen. Ich fühlte mich bei Daimler-Benz aber sehr wohl und wurde 1957 sogar nach Stuttgart in die Hauptverwaltung empfohlen, wo ich nach einem Vorstellungsgespräch auch hätte anfangen können. Aber was sollte ich in Stuttgart, wenn mein Mann in Dortmund war?

Außerdem stellte ich mit großer Freude fest, dass ich ein Kind erwartete. Das merkte ich an den körperlichen Veränderungen, da brauchte ich keinen Arzt nach zu fragen. Wir freuten uns beide sehr, kauften und studierten wissbegierig einen Ratgeber für werdende Eltern, weil wir ja keine Ahnung hatten. Wir wussten daher theoretisch Bescheid, als ich nachts von einem Knall wach wurde, einem Knall in meinem Bauch, den ich sogar akustisch wahrgenommen hatte. Erschrocken sprang ich aus dem Bett und sofort floss das ganze Fruchtwasser weg. Wir wussten, dass die Fruchtblase geplatzt war und ich sofort ins Krankenhaus musste, aber ich hatte einfach nicht mit den Schmerzen gerechnet, die mich durchschüttelten. Vielleicht tut man das nie. Herbert holte den Wagen, den er als Selbstständiger seit einiger Zeit besaß, um seine Kunden aufsuchen zu können, und brachte mich ins Hospital. Ich hatte echte Schwierigkeiten, den Weg vom Parkplatz in die Entbindungsklinik der Städtischen Kliniken zurückzulegen, die am entgegengesetzten Rand des Krankenhausareals lag.

Endlich war unser Kind da. Wir nannten ihn Ralf, hatten extra nach einem kurzen Vornamen gesucht, weil wir ja schon so einen langen Hausnamen hatten. Unser Sohn kam mit einer Ernährungsstörung auf die Welt. Seine ersten Lebensjahre waren für uns alle sehr dramatisch. Er konnte keine Nahrung länger bei sich behalten und litt unter furchtbaren Durchfällen. Wir durften unser Baby zwar nach einigen Wochen in der Kinderklinik mit nach Hause nehmen, aber der Arzt warnte uns, die ersten zwei Jahre seien kritisch, erst danach sei er über den Berg und aus der Gefahrenzone raus. Sein Zustand hat uns viel Kummer gemacht und ich habe sein Aufwachsen in den ersten Lebensjahren mit vielen Sorgen und manchmal auch Tränen

Trotz aller Elternsorgen vor allem glücklich.

begleitet. Durchgekriegt habe ich ihn, denke ich, weil ich acht Monate lang voll stillen konnte. Das war unser großes Glück, dass ich soviel Milch hatte. Diese Veranlagung habe ich wohl von meiner Mutter geerbt. Als sie gegen Ende des Krieges noch meine kleine Schwester bekam, hatte sie soviel Milch, dass sie noch zusätzlich Milch für ein Flüchtlingskind im Dorf abpumpte; ich habe das Fläschchen immer dorthin gebracht.

Ralf blieb länger unser Sorgenkind; bis er acht Jahre alt wurde hatte er sechs Lungenentzündungen, war zart und kränklich. Aber dann begann er, Sport zu treiben, er war sehr sportlich, und wurde dadurch immer robuster.

Einige Zeit nach Ralfs Geburt wurde uns in der Redtenbacher Straße zwei Häuser neben unserem eine wesentlich größere Wohnung angeboten, die Wohnungsnot ließ langsam nach. Wir wollten aber nicht umziehen, zumal wir sparten und planten, auf Dauer zu bauen. Aber ich fragte meine Eltern, ob sie nicht in diese Wohnung einziehen wollten. Das kam der ganzen Familie sehr entgegen, denn meine Geschwister sparten dadurch den weiten Schulweg von Kirchende zum Gymnasium und waren heilfroh. Vor allem aber meine Eltern waren glücklich, aus Kirchende rauszukommen und irgendwo neu anzufangen, wo niemand etwas von der „Blamage“ meines Vaters wusste, so wie sie das empfunden haben. Insbe-

Meine Anfänge in der Firma Guntenhöner.

sondere meiner Mutter fiel ein Stein vom Herzen, sie hatte das Haus kaum noch verlassen und sich sehr unwohl gefühlt im Dorf. Mein Vater war ja meistens unterwegs. Nachdem meine Eltern nur zwei Häuser weiter wohnten, konnte ich Ralf schon mal für ein paar Stunden dort „abgeben“ und stundenweise in der Firma Guntenhöner mitarbeiten, aber nicht regelmäßig, nur nach Bedarf.

1961 wurde unser zweiter Sohn, Dirk, geboren. Wir hatten mit einem Mädchen gerechnet, so fest, dass wir zunächst gar keinen Jungennamen im Programm hatten. Die Geburt war ähnlich wie beim ersten Mal; aber die Schmerzen überraschten mich nicht mehr so sehr, so dass ich besser damit umgehen konnte.

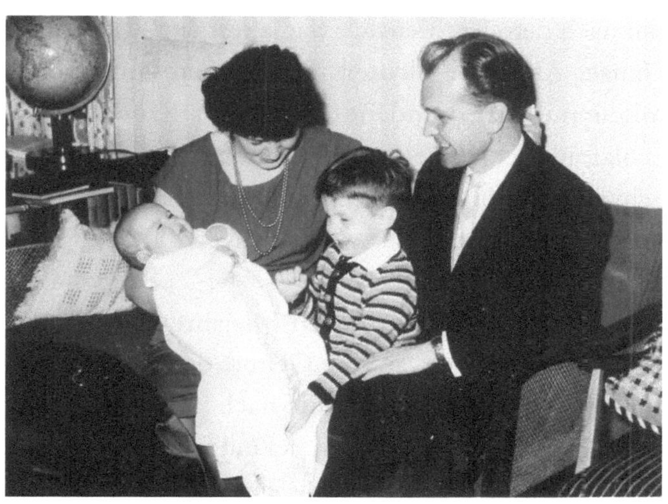

Dirk wird von seinem großen Bruder begrüßt.

Von Beginn unserer Ehe an war bei Herbert und mir der Wunsch vorhanden, aus der Innenstadt raus aufs Land zu kommen. Wir machten beide gerne weite Spaziergänge, ich war auf dem Land großgeworden. Dieser Wunsch hatte sich mit der Geburt unseres ersten Kindes noch intensiviert und wir hatten begonnen, ein Baugrundstück zu suchen. Im äußersten Süden von Dortmund, wirklich ganz ländlich, mitten auf dem Feld und in der Nähe eines Waldes, wurden wir fündig. Hier in Wichlinghofen sollte eine Siedlung mit Einfamilienhäusern entstehen und wir konnten ein Grundstück mit 800 qm Fläche erwerben.
1961, im Jahr von Dirks Geburt, begannen wir mit dem Bau unseres Hauses. Meist fuhr Herbert auf dem Weg zu einem Kunden an der Baustelle vorbei und sah nach dem Rechten; ich war ja mit den Kindern zu Hause. Aber wir planten alles gemeinsam, große, miteinander verbundene Räume im Erdgeschoss, Schlafräume oben, eine Einliegerwohnung für meine Schwiegereltern, und fuhren am Wochenende gemeinsam den Baufortschritt zu besichtigen.

Eigentlich waren meine ersten Ehejahre vom Warten geprägt: Ich wartete auf die Geburt der Kinder, darauf, dass Herbert aus dem Büro nach Hause kam, dass unser Haus fertig wurde. Ich befand mich permanent in einer Erwartungshaltung – einer sehr fröhlichen, da ich immer nur auf schöne Ereignisse wartete.

1962 war es soweit und wir konnten in unser neues Haus einziehen. Das habe ich sehr genossen, die schönen Räume, den Garten, in dem die Kinder laufen konnten, Kontakte zu Nachbarn, das war sehr nett – manchmal jedoch auch etwas eintönig. Als eine Nachbarin mich eines Tages darauf ansprach, sie hätte gehört, dass an einer Frauenfachschule Nachmittagskurse angeboten würden, man könne dort eine Ausbildung zur Hauswirtschaftsmeisterin absolvieren, war ich sofort dabei. Mich interessierte vor allem der Bereich Kindererziehung, worüber ich auch meine Examensarbeit schrieb. Außerdem standen Kochen, Lebensmittelkunde und alle möglichen Hausarbeiten auf dem Stundenplan. Meine Teilnahme war weniger geleitet von dem Interesse an Haushalt, sondern mehr davon, dass ich noch mal was lernen konnte und an zwei Nachmittagen der Woche von 14-19 Uhr aus dem zwar schönen aber doch recht eintönigen Hausfrau- und Mutter-Dasein rauskam, mit Gleichgesinnten Kontakt hatte, das war der Hauptgrund.

Möglich war das, weil meine Schwiegereltern in die Einliegerwohnung gezogen waren und die Oma sehr bereitwillig an diesen Nachmittagen ihre Enkelsöhne hütete. Natürlich gab es bei unserem recht engen Zusammenleben auch Reibungspunkte, aber wir hatten vollkommen getrennte Haushalte, dadurch ging das ganz gut. Und ihre Bereitschaft, auf Ralf und Dirk aufzupassen, vereinfachte es mir auch, 1967, als Dirk eingeschult wurde, wieder berufstätig zu werden und bei meinem Mann in der Firma einzusteigen. Zwar arbeitete ich nur halbtags, aber die Grundschulkinder waren trotzdem oft vor mir zu Hause, da sie selten bis dreizehn Uhr Unterricht hatten. An solch kurzen Schultagen wurden sie von ihrer Oma in Empfang genommen. Ich fuhr morgens um acht mit Herbert ins Büro. Um ein Uhr kamen wir wieder. Ich hatte grundsätzlich am Abend vorher vorgekocht, so dass ich schnell ein Essen auf den Tisch bringen konnte und wir gemeinsam essen konnten. Er fuhr dann wieder ins Büro, während ich bei den Kindern blieb.

Herbert plante zu diesem Zeitpunkt schon die Gründung einer neuen Firma, die ihn stark im Anspruch nahm. Er hatte ja schon ziemlich bald, nachdem er in die Firma seines Vaters eingestiegen war, begonnen, Büromöbel zu vertreiben, konnte das aber aufgrund der beschränkten Räumlichkeiten der Fa Guntenhöner nur anhand von Bildern, er hatte keine Ausstellung. Aber er hatte eine Vision: So wie ihm ging es vielen Inhabern kleinerer und mittlerer Firmen aus dem Ruhrgebiet, die Büroartikel und -möbel vertrieben. Herbert schwebte vor, eine Dachgesellschaft zu gründen, innerhalb derer die eigentlich miteinander konkurrierenden Firmen zwar jede auf eigene Rechnung aber unter einem Dach arbeiten sollten. Gemeinsam konnte man die größte Büromöbelausstellung im gesamten Ruhrgebiet auf die Beine stellen; jede einzelne Firma hatte nur kleine eigene oder sogar gar keine Schauräume. Herbert plante und gründete das „Büro-Zentrum Ruhr“ (BZR), baute dafür ein großes Geschäftshaus im Indupark Dortmund und schaffte es, etliche Wettbewerber zu einer Zusammenarbeit in dieser Dachgesellschaft zu begeistern und als Geschäftsführer des BZR angestellt zu werden.

So begann ich meine Tätigkeit im Büro meines Mannes zwar mit der üblichen Sekretärinnentätigkeit, vor allem Schreiben nach Diktat, erledigte aber mit der Zeit alle anfallenden Arbeiten immer eigenständiger, da Herbert sich immer weiter daraus zurückzog. Nach der Gründung des BZR übernahm ich die Firma Guntenhöner ganz und arbeitete von da an vollkommen selbstständig. Das war wunderbar, niemand redete mir irgendwo hinein, ich genoss es, eigenständig planen und gestalten zu können. Obwohl ich durch meinen Vater keine positiven Erfahrungen mit der Selbstständigkeit gemacht hatte, kamen mir keinerlei Bedenken, dass sowohl mein Mann als auch ich eigene Firmen hatten. Ich fand diese Chance, etwas aufzubauen, wunderbar. Außerdem wusste ich, dass es bei meinem Vater an der kaufmännischen Seite der Selbstständigkeit gescheitert war, nicht am Fachwissen. Herbert hatte eine kaufmännische Lehre absolviert und schon lange in diesem Bereich gearbeitet, war also erfahren. Und ich selber traute mir das auch zu, obwohl ich keine Ausbildung in dem Bereich hatte, überhaupt keine Ausbildung hatte. Vielleicht war das im Unbewussten eine Rückbesinnung auf meine fantastischen Großmütter, die beide hervorragende Geschäftsfrauen waren. Ich fühlte mich jedenfalls als Unternehmerin sehr wohl.

Der einzige Nachteil, den unsere doppelte Selbstständigkeit mit sich brachte, war, dass wir nie viel in Urlaub fahren konnten. Einmal im Jahr 14 Tage war das äußerste, was wir uns erlauben konnten und auch das klappte nicht immer. Wir konnten so lange einfach nicht fehlen. Umso mehr genossen wir diese Zeit, die wir mit Ralf und Dirk in der Regel in den Bergen verbrachten. Herbert liebte die Berge fast noch mehr als ich und wir steckten unsere Söhne mit dieser Begeisterung und Wanderlust an. Einige Male „probierten" wir auch die See und 1971 leisteten wir uns sogar einen für damalige Verhältnisse total exotischen Urlaub in Marokko. Aber wir kehrten immer wieder zu den Bergen zurück.

Ich schob, bald nachdem ich die Firma übernommen hatte, eine große Werbekampagne an, versandte zahlreiche Briefe, deren Anschreiben ich selber formulierte. Daraufhin meldeten sich mehrere interessierte potentielle Kunden und baten um Besuch. Der interessanteste Anruf kam Anfang der 70er Jahre aus der Landesgeschäftsstelle der CDU, die damals noch nicht in Düsseldorf, sondern in Dortmund lag. Ich fuhr dorthin, mit Übernahme der Firma hatte ich einen eigenen Wagen erworben, und stellte dem zuständigen Mitarbeiter der Geschäftsstelle vor, was wir zu welchen Konditionen liefern konnten. In erster Linie ging es um Umschläge und Papier. Meine Idee war, über die Landesgeschäftsstelle auch an die Untergruppierungen der Partei zu kommen. Ich bot ihm daher an, nicht nur sie, sondern auch sämtliche Kreisverbände, Ortsunionen usw. zu beliefern. Wenn er an die vielen kleinen Büros der Partei die Empfehlung weitergab, Papier und Umschläge über die Firma Guntenhöner zu beziehen, konnte ich ihm besonders gute Konditionen bieten. Wir wurden uns recht schnell einig. Die Landesgeschäftsstelle konnte die Untergliederungen natürlich nicht verpflichten, bei mir zu kaufen, aber sie legten es ihnen nahe, weil sie dort hervorragende Konditionen vorfanden. So bestellten die meisten bei mir und trotz der scharfen Preise, die ich eingeräumt hatte, rechnete es sich, weil der Absatz so groß war.

Irgendwann dachte ich, was mit der CDU geht, muss doch auch mit der SPD zu machen sein. Ich fuhr zur Landesgeschäftsstelle der SPD und erzählte dort ganz offen von meiner Vereinbarung mit der CDU. Das fanden auch die Sozialdemokraten hochinteressant und schlossen ebenfalls einen entsprechenden Vertrag mit mir, so dass ich nun also sowohl CDU als auch SPD landesweit belieferte. Ich hatte einen Angestellten und einen Lehrling, die gemeinsam praktisch die gesamte Abwicklung des restlichen Büromaterials erledigten, so dass ich mich ganz auf den Bereich Papier und Umschläge und unsere großen Kunden konzentrieren konnte.

Zwei oder drei Jahre nachdem ich angefangen hatte, die CDU zu beliefern, empfahl mich mein Ansprechpartner aus der Landesgeschäftsstelle an die Bundeszentrale nach Bonn weiter. Wiederum erzählte ich von meiner Idee, die zuständigen Stellen sollten den Untergruppierungen der Partei eine Zusammenarbeit mit mir nahelegen; ich könne dann besonders gute Konditionen bieten. Ehe ich mich versah, belieferte ich die CDU bundesweit mit Papier und Briefumschlägen. Massen von Papier! Berge von Umschlägen! Mein Papierlieferant, der Direktor einer Papierfabrik in Hemer, mit dem ich über Einkaufskonditionen verhandelte, konnte das so wenig glauben, dass er sich die Verträge zeigen ließ, bevor er den von mir ausgehandelten Sonderkonditionen zustimmte. Es ist wirklich unvorstellbar, was bei den Parteien an Papier und Umschlägen umgesetzt wurde, vor allem wenn Wahlkampf war. Ich freute mich jedes Mal, wenn gewählt wurde, dann schwoll die Papierflut weiter an.

Ich fühlte mich als Unternehmerin sehr wohl.

Was da an Papier gebraucht wurde! Diese beiden Kunden, CDU und SPD habe ich ganz alleine gemanagt und war damit gut ausgelastet.

Einmal waren wir gerade im Urlaub, als die Pensionswirtin schreckensbleich angelaufen kam: Da ist die CDU aus Bonn am Apparat....

Und natürlich passierte es auch mal, dass mein Lieferant bei der SPD-Zentrale vorfuhr, um Papier zu liefern, und noch seine CDU-Plakate rechts und links am Wagen kleben hatte. Er kam schreckensbleich in mein Büro und beichtete, der SPD-Pförtner hätte ganz interessiert gefragt, was er denn da am Auto habe?

Da es offenbar damals in Bonn nicht unüblich war, dass solche Geschäfte gerne unter Kumpels ausgekungelt wurden und auch eine Frau als selbstständige Geschäftsfrau noch sehr exotisch war, gab es natürlich schnell das entsprechende Gerücht, ich hätte ein Verhältnis in Bonn. Eine so erfolgreiche Geschäftsfrau, das konnte doch nicht mir rechten Dingen zugehen. Das war immerhin die Zeit, in der eine Ehefrau noch das Einverständnis und die Unterschrift ihres Mannes brauchte, wenn sie eine Stelle anneh-

men, den Führerschein machen oder einen Reisepass beantragen wollte. Natürlich war auch Neid im Spiel, denn es gab viele Firmen, die gerne an diese Kunden geliefert hätten; nicht zuletzt waren die Papierhersteller selber interessiert daran, hier Fuß zu fassen. Und dann machte ich als Frau mit meiner kleinen zweieinhalb-„Mann“-Firma das Rennen.
Ich habe daher ganz bewusst alle Besprechungstermine immer auf vormittags zwischen zehn und elf Uhr an gut sichtbarer Stelle in eine der Parteizentralen gelegt. Ich gewöhnte mir außerdem an, vor solchen Terminen kurz im Auto sitzenzubleiben, mich zu sammeln und innerlich auf die Besprechung einzustimmen, vor allem darauf, dass ich um jeden Preis sachlich bleiben wollte. So ist es mir gelungen, unangenehme oder anzügliche Situationen von vorneherein zu vermeiden. Ich bin lediglich ein einziges Mal von einem CDU-Mitarbeiter mit einem deutlichen Unterton gefragt worden, ob wir nicht mal einen Termin am Wochenende ausmachen könnten. Da ich mich immer gut auf die Gespräche einstimmte, gelang es mir, diese Anfrage so zu beantworten, dass die Absage eindeutig war, wir gleichzeitig aber auch gemeinsam darüber lachen konnten.
Wie sehr sich die Zeiten geändert haben, merkt man auch daran, dass damals bei solchen Besprechungen geraucht wurde, das galt als schick und elegant. Ich habe geraucht, bis ich fünfzig Jahre alt war und war

so sehr daran gewöhnt, dass mir eine Tasse Kaffee ohne Zigarette nicht schmeckte.

„Abschiede und Neuanfänge“

Achterbahnjahre 1980-1995

Es muss um 1980 rum gewesen sein, als Herbert eines Tages ungewöhnlich spät und vollkommen aufgelöst nach Hause kam: „Wir sind pleite“, sagte er ohne lange Vorrede. „Mit viel Glück können wir vielleicht unser Privathaus retten.“ Die anderen Firmen hatten an diesem Tag ihre Mitgliedschaft in der Dachgesellschaft BZR gekündigt. Die Zugkraft, die sich alle Beteiligten von einer so großen Büromöbelausstellung erhofft hatten, hatte sich nicht in dem angestrebten Maße eingestellt; einige wollten sich auch einfach mehr auf ihre eigene Standorte konzentrieren. Herbert blieb auf dem noch nicht abbezahlten Bürohaus im Indupark und 17 Angestellten sitzen. Ich fühlte mich wie von einem Blitzschlag getroffen. Das Bild meines Vaters tauchte unwillkürlich vor mir auf.

Die kommenden Wochen waren unglaublich schwierig. Ich war erschüttert, dass uns das passierte, die Ereignisse überstürzten sich. Herbert versuchte irgendwie, mit seinen Mitarbeitern das Geschäft aufrecht zu erhalten, was natürlich ohne die andern Gesellschafter nicht annähernd in erforderlichem Umfang möglich war. Gleichzeitig suchten wir mit aller Kraft nach einem Käufer für unsere Immobilie, dieses große Bürogebäude mit anschließendem Lager, in dem sich fast nur noch meine kleine Firma befand. Und dazu die Sorgen. Waren wir wirklich pleite? Verloren wir unser Haus? An jedem Tag veränderte sich die Situation, prasselten neue Informationen und Entwicklungen auf uns ein. Ich konnte immer nur einen Tag nach dem anderen hinter mich bringen, konzentrierte mich ganz darauf, die an diesem Tag anstehenden Aufgaben hinzukriegen. Mehr war nicht möglich. Diese Achterbahnfahrt aus Ängsten, Panik, Hoffnung, neuen Ängsten war dermaßen anstrengend, das war eine schlimme, extrem belastende Zeit. So viele Dinge, die gleichzeitig erledigt werden mussten. Und meine eigene Firma war jetzt natürlich wichtiger denn je, die musste laufen.

Aber langsam tauchte aus der Konfusion, den vielen Telefonaten mit der Bank, mit Wettbewerbern, mit enttäuschten Kunden, mit möglicherweise Interessierten, ein Silberstreifen am Horizont auf, der sich rasch verbreiterte. Eine große Büromaterialfirma aus Siegen mit über 3000 Angestellten plante, eine neue Niederlassung in Dortmund aufzumachen. Nicht nur unser Gebäude passte gut zu ihren Bedürfnissen, ihnen war auch daran gelegen, das BZR und damit deren 17 Angestellte zu übernehmen. Da meine Firma auch unter dem Dach des BZR gearbeitet hatte, gehörte sie gegen meinen Willen zu dem Paket, über

das verhandelt wurde. Ein anderer Kaufinteressent war jedoch weit und breit nicht in Sicht und diese Siegener Firma war bereit, ohne lange Verhandlungen die von uns geforderte Summe zu zahlen, die eine Million DM über der Restschuld für die Gewerbeimmobilie lag. Natürlich verkauften wir.
Als sich alles zum Positiven wendete, blieb die Erleichterung erstmal aus. Zu groß war die Erschütterung gewesen. Herbert hatte das Scheitern seiner Idee tief getroffen, außerdem war noch so viel zu regeln und zu erledigen, das wir gar nicht dazu kamen, durchzuatmen. Ich hatte zusagen müssen, die ersten sechs Monate nach dem Verkauf in der Firma zu bleiben und meine Nachfolger in ihre Aufgaben einzuarbeiten. Ich fuhr daher jeden Morgen ins Büro und trauerte jeden Tag ein wenig darum, dass meine Firma nicht mehr meine war, beging einen Abschied auf Raten.

Erst nach einiger Zeit konnte Herbert einen Schlussstrich ziehen. Er hatte sich immer sehr danach gesehnt, Philosophie zu studieren, was nach dem Krieg aus finanziellen Gründen nicht möglich gewesen war, und beschloss, diesen Traum nun endlich zu verwirklichen.
Von da an war er wie erlöst. „Jetzt fängt ein neuer Lebensabschnitt für uns an!“, prophezeite er glücklich. Nachdem er sich von dem Schock erholt hatte, sah er unsere Situation wie wohl die meisten, die von

außen drauf schauten: Mitten im Leben hatten wir die Chance bekommen, etwas ganz anderes zu machen, wir brauchten nicht mehr zu arbeiten, hatten die Freiheit, zu entscheiden, was wir wollten, hatten ausgesorgt. Er war einfach nur glücklich.

Ich konnte das gar nicht so empfinden und brauchte lange, um mich von der Überrumpelung zu erholen. Wenn ich wirklich hätte frei wählen können, hätte ich meine kleine Firma wiederhaben wollen; ich liebte meine Arbeit, meine Eigenständigkeit und auch finanziell lief es bei mir gut. Ich hätte das gerne weitergemacht.
Hinzu kam, dass Ralf einige Jahre vor dem Verkauf Abitur gemacht hatte und mittlerweile in Bochum Biologie und Sport auf Lehramt studierte und in seinem Studienort in einer WG wohnte. Auch Dirk war gerade mit der Schule fertig geworden und war dabei, nach Holland zu ziehen; er hatte einen Studienplatz für Medizin in Aachen bekommen. Die Wegbeschreibung zu seinem neuen Zuhause lautete: Über die holländische Grenze, dahinter die erste Straße links. Meine Kinder gingen aus dem Haus, ich war daher als Hausfrau und Mutter nicht mehr so gebunden. Gleichzeitig brauchte ich nun auch nicht mehr zu arbeiten. Für viele wäre damit wahrscheinlich ein Traum in Erfüllung gegangen, aber ich konnte es gar nicht so sehen. Ich litt darunter, keine Aufgabe mehr

zu haben, empfand eine deutliche Leere. Es war alles andere als hilfreich, dass der Verkauf der Firma und das Ausziehen des letzten Sohnes zeitlich mehr oder weniger zusammenfielen.
Vielleicht hing es mit dieser Leere zusammen, dass ich sehr darunter litt, dass meine Söhne aus dem Haus gingen, selbst dann noch, als ich wieder neue Aufgaben und Lebensinhalte gefunden hatte. Jedes Mal, wenn sie nach einem Besuch bei uns aufbrachen, winkte ich fröhlich zum Abschied auf der Straße stehend, ging zurück ins Haus und begann zu weinen. Ich habe mich sehr schwer getan, die Kinder loszulassen. Das war jedes Mal wie ein kleiner Zusammenbruch, wenn sie wieder fuhren. Dirk erzählt mir heute, dass es ihm verflixt schwer fällt, seinen Sohn nach dessen Besuchen zu Hause an seinen Studienort zurückfahren zu lasen. Da habe ich ihm erstmalig gebeichtet, wie schlecht ich mich in der vergleichbaren Situation gefühlt habe. Er war ganz baff. Zum Glück haben Ralf und Dirk damals nichts von meinem Kummer geahnt.

Natürlich gab es, nachdem sich unsere gemeinsame anfängliche Verwirrung, Herberts anschließende Euphorie und meine Enttäuschung über unsere neue Situation etwas gelegt hatten, eine Phase, in der wir meinten unsere neugewonnene Freiheit weitestmöglich ausnutzen zu müssen. Wir liebäugelten damit, uns eine Zweitwohnung in den Bergen zu kau-

fen oder ganz in die Berge zu ziehen. Wir dachten sogar über Kanada nach, dessen Natur uns faszinierte. Aber obwohl Herbert die treibende Kraft dabei war, er war es, der die Immobilienanzeigen studierte, mich auf interessante Angebote aufmerksam machte und anregte, diese oder jene Wohnung vor Ort in Augenschein zu nehmen, war er es auch, der an jeder Wohnung einen Haken fand, etwas, das ihm missfiel, nicht ganz ideal war, uns letztendlich vom Kauf abhielt. Und nach spätestens vierzehn Tagen blies er zum Aufbrauch Richtung Norden. Dortmund war einfach seine Heimat, er hätte sich nie auf Dauer davon trennen können. Er liebte diese Stadt.
Spätestens nachdem er mit viel Hingabe und großem Engagement sein Philosophiestudium in Bochum begonnen hatte, waren diese Gedankenspielereien ohnehin vorbei.

Ich suchte noch, was ich nun machen wollte. Wieder war es die Mutter meines allerersten Freundes, die mir einen wertvollen Hinweis gab und mich darauf aufmerksam machte, dass es die Möglichkeit gab, ein Fernstudium Theologie an der Domschule in Würzburg zu absolvieren, das dort im Auftrag der Deutschen Bischofskonferenz angeboten wurde und zu dem man auch mit dem sogenannten „Einjährigen" zugelassen wurde. Endlich konnte ich wieder lernen und freute mich darüber, dass die Ansprüche recht hoch

waren und ich meinen Grips so richtig anstrengen musste.
Nun studierten wir beide, aber wir führten überhaupt kein studentisches Leben. Zum einen wohnten wir weit außerhalb und alles andere als studentisch. Zum anderen ging ich ja nicht zur Uni, sondern bekam meine Materialien nach Hause geschickt und musste nur hin und wieder zu einem Blockseminar nach Würzburg. Trotzdem genoss ich es sehr, wenn wir gemeinsam zu Hause saßen und lernten, Bücher wälzten. Leider konnten wir uns über die Studieninhalte jedoch gar nicht austauschen. Philosophie und Theologie, eigentlich hätte das die Basis für tolle Gespräche sein können, hätten sich wunderbare Themen daraus ergeben können, aber das scheiterte daran, dass Herbert nicht in der Lage war, sachlich über mit der Kirche verbundene Themen zu reden, weil er so voller Hass dagegen war. Er nahm es auch nur zähneknirschend hin, dass ich mich ausgerechnet für dieses Studienfach entschieden hatte.
Religion durfte bei uns im Alltag einfach keine Rolle spielen, es wurde nicht vor dem Essen gebetet, wir gingen nicht zur Kirche, obwohl ich immerhin hatte durchsetzen können, dass unsere Kinder getauft wurden – evangelisch, katholisch war vollkommen ausgeschlossen. Ich weiß bis heute nicht, woher diese krasse Ablehnung rührte. Ich erinnere mich, dass Herbert mal erzählte, wie sie sich schon als Kinder

furchtbar über die Jungen und Mädchen auf dem Weg zur Erstkommunion lustig gemacht hätten, in ihren weißen Kleidern und fein gestriegelt. Irgendwann hatte ich immerhin durchsetzen können, dass ich im katholischen Kirchenchor singen und somit auch ohne Krach in die Messe gehen durfte, wenn der Chor den Gottesdienst begleitete. Das war alles, was unter der Bewahrung häuslichen Friedens möglich war. Hätte ich mich stärker engagiert, hätte es ständig geknallt, die permanenten Auseinandersetzungen hätten unsere Ehe und unser Familienleben gefährdet. Das wollte ich nicht. Diese Situation veränderte sich zu meinem Leidwesen auch nicht, als unsere Kinder aus dem Haus waren. Nachdem ich das zweijährige Studium abgeschlossen hatte, hätte ich mich gerne stärker in der Gemeinde engagiert, mehr Angebote wahrgenommen oder mitgestaltet, aber damit hätte ich unsere Ehe aufs Spiel gesetzt. Ich habe unter dieser Einschränkung sehr gelitten. Ein-, zweimal im Jahr ein Referat in der Frauengemeinschaft, Singen im Kirchenchor, das war´s.
Manchmal hatte ich fast den Eindruck, Herbert war eifersüchtig auf Gott. Ich weiß nicht, ob man das so sagen kann, aber ich hatte das Gefühl, dass er eifersüchtig war, weil er merkte, wie wichtig mir der Glaube war. Ich musste mich jedenfalls aufgrund seiner Aversion entscheiden, was mir wichtiger war, die Ehe oder ein Engagement in der Kirche. Natürlich ent-

schied ich mich für meinen Mann, habe das andere aber immer vermisst.

Herbert engagierte sich neben seinem regulären Philosophiestudium sehr für die sogenannte Altenakademie in Dortmund, die damals noch in den Kinderschuhen steckte. Diesem Engagement lagen unsere Erfahrungen zugrunde, unser jugendlicher Wunsch, zu studieren, der sich aufgrund unserer Lebensgeschichten nicht hatte verwirklichen lassen. Herbert wollte, dass ein solcher Traum auch noch spät in Erfüllung gehen konnte und hat wesentlich dazu beigetragen, dass das Seniorenstudium entstand. Dortmund war damals die erste Universität Deutschlands, die diese Möglichkeit anbot.

Nicht die klassische Studentin...

Ich habe davon sehr profitiert, bin über zehn Jahre lang als Gasthörerin in die Seminare gegangen, die mich interessierten, meist Theologie oder Germanistik, und es wurde für die Professoren und Studenten immer normaler, dass sich einige Senioren zwischen ihnen tummelten.

Nachdem wir das Geschäft verkauft hatten, wurde ich irgendwann Mitglied in der CDU, engagierte mich vor Ort in der Ortsunion, wo ich Schriftführerin und sogar stellvertretende Vorsitzende wurde, und bei der CDA, dem Arbeitnehmerflügel der CDU. Nach einigen Jahren trat ich aber wieder aus, weil mir die Partei nicht mehr sozial genug war. Andere Parteien waren mir wiederum zu sehr auf der Seite der Arbeitnehmer, so dass ich keine politische Heimat mehr fand.
Herbert war schon seit langem Mitglied der Freimaurerloge und wurde nun, als er mehr Zeit hatte, Meister vom Stuhl, also erster Vorsitzender. Manchmal musste ich unwillkürlich darüber schmunzeln, weil die Freimaurer doch insbesondere für religiöse Toleranz standen, was man von meinem Mann nun wirklich nicht behaupten konnte. Aber es war eine nette, anregende Gruppe, deren Zusammentreffen ich genoss. Ich bin bis heute Mitglied im sogenannten Schwesternbund, der Frauenorganisation der Loge, die sich 14tägig trifft.

Als Herbert Ende fünfzig war, wurde bei ihm Blut ihm Stuhl festgestellt; es ging ihm gar nicht gut. Wir beantragten das erste Mal in unserem Leben eine Kur und verbrachten drei oder vier wunderschöne Wochen im bayrischen Scheidegg. Nur besser ging es Herbert währenddessen nicht, eher im Gegenteil. Er kränkelte sehr und fühlte sich einfach nicht wohl. Als wir wieder nach Hause kamen, wurde Darmkrebs bei ihm festgestellt. Er wurde operiert und bekam einen künstlichen Darmausgang, wovon er sich in der Folgezeit nie auch nur im Geringsten hat beeinträchtigen oder behindern lassen. Das war wirklich eine Leistung. Er regelte den Umgang damit so, dass ich nie etwas davon mitbekam, wir setzten unsere Reisen vor allem in die Berge fort, es änderte sich praktisch nichts. Ganz im Gegenteil stellte er sich neuen Herausforderungen. Nach sechs Jahren hatte Herbert sein Studium abgeschlossen und wurde von einigen Logenbrüdern darauf aufmerksam gemacht, dass der Paritätische Wohlfahrtsverband Dortmunds kurz vor dem Konkurs stand und dringend einen neuen Geschäftsführer suchte. Das war etwas für ihn. Er bewarb sich umgehend und fing tatsächlich mit Ende fünfzig oder sechzig an, dort zu arbeiten. Er brachte den Laden wieder in Schwung und zwar so sehr, dass er ein halbes Jahr später nach Hause kam und verkündete: „Wir schaffen die Arbeit alleine nicht mehr, wir brauchen dringend Unterstützung. Hast du nicht Lust?“ So fing ich auch wieder mit einer halben Stelle an zu arbeiten und habe das außerordentlich genossen. Mein wichtigstes Betätigungsfeld waren Reisen. Der paritätische Wohlfahrtsverband bot Reisen an, die für sehr arme Senioren bezuschusst wurden. Ich musste also Reisen planen, ausschreiben, Zuschüsse beantragen, diese Abteilung habe ich ganz übernommen. Interessant war für mich auch, die verschiedenen Menschentypen kennenzulernen, die in unser Büro kamen. Einige waren extrem versiert, die wussten genau Bescheid, welche Leistungen ihnen zustanden, wo es welche Zuschüsse gab und wo sie noch etwas für sich rausholen konnten, die quetschten buchstäblich den letzten Pfennig aus dem System. Aber die meisten waren wirklich sehr bedürftig, sehr bescheiden und selig, wenn sie mit Hilfe des Verbandes eine Reise machen konnten, die sie sich sonst nie hätten leisten können. Viele waren kaum je aus Dortmund rausgekommen. Manchmal konnte ich kaum glauben, was ich den Rentenausweisen entnahm, es gab wirklich bitterarme Menschen. Das „Reisebüro" beschäftigte mich jedoch nur etwa zwei bis drei Tage in der Woche, zumal die Anmeldung zu Reisen nur an zwei Wochentagen mög-

Anfang der Neunziger

lich war. An den restlichen Tagen arbeitete ich als Springerin. Wenn die Leiterin der Sozialstation krank war, was häufiger vorkam, oder die Leiterin von „Essen auf Rädern“, dann sprang ich ein und organisierte den Tag, legte fest, wer welche Route fuhr oder besprach mit den Mitarbeitern, welche Erfahrungen sie am Vortag gemacht hatten, wo eventuell zusätzliche Hilfsmaßnahmen in Gang gesetzt werden mussten und ähnliches. Ich saß auch mal vorne am Empfang. Als Springerin habe ich jede Abteilung kennengelernt und fand diese Zeit ausgesprochen lehrreich und interessant.

Vier oder fünf Jahre habe ich dort gearbeitet, bis ich das Rentenalter erreichte. Herbert blieb darüber hinaus dort, weil sich zunächst kein Nachfolger für ihn fand. Da er zu diesem Zeitpunkt auch schon Rente bezog, leitete er den Verband für ein sehr geringes Honorar, bis endlich, auch über Kontakte innerhalb der Loge, ein neuer Geschäftsführer verpflichtet werden konnte.

„Die Alpen von Ost nach West“

Rentner, diesmal „richtig“, 1995-2004

Schon bald nachdem wir unser Geschäft verkauft hatten, hatten wir uns ein Wohnmobil angeschafft, ein mittelgroßes, das auch ich mit meinem Führerschein fahren durfte. Wir waren von Anfang an viel gereist, aber erst das Studium und dann die erneute Berufstätigkeit hatten uns doch etwas eingeschränkt. Ralf und Dirk waren darüber nicht direkt unzufrieden, sie liehen sich unser Wohnmobil gerne aus und zogen damit los. Nun, als „richtige“ Rentner, setzten wir unsere Reisen mit neuem Schwung fort. Wir waren viel in den Alpen, die wir buchstäblich von Ost nach West durchwandert haben. Viel waren wir auch in Südtirol, jedes Jahr mindestens einmal. Wir wanderten einfach zu gerne, wobei mein Mann mir manchmal überlegen war. Wir liefen oft morgens gemeinsam los, trennten uns aber auf halber Strecke, weil ich einen kürzeren Weg untenrum zum Ziel lief, während er die lange Route über den Gipfel wählte. Das Schöne am Wohnmobil war, dass man nicht zu planen brauchte. Wenn wir plötzlich Lust auf eine andere Umgebung bekamen, fuhren wir einfach los, brauchten uns um Buchungen, Übernachtungen usw. nicht zu kümmern. Mal campten wir auch wild in den Bergen, das war sehr romantisch. Wir waren fast immer in den Bergen, erkundeten aber auch die See, Norddeutschland, Skandinavien, die französische Atlantikküste, die Toskana. Überall war es sehr schön, aber es zog uns dennoch immer wieder in die Berge.

Ich wusste, dass unser Aufenthalt sich dem Ende zuneigte, wenn Herbert äußerte, dass wir doch zu Hause mal wieder nach dem Rechten schauen müssten. Spätestens nach vierzehn Tagen bekam Herbert unweigerlich Heimweh nach Dortmund. In dieser Zeit, den Neunzigern, war es aber auch schon so, dass unsere Eltern Unterstützung brauchten und wir daher tatsächlich spätestens nach zwei Wochen wieder nach Hause mussten. Mein Schwiegervater war schon Mitte der 80er gestorben, meine zehn Jahre jüngere Schwiegermutter folgte ihm zehn Jahre später. Auch meine Eltern waren mittlerweile schwer krank. Ich hatte ihnen eine Wohnung in Wellinghofen besorgt, nicht sehr weit von Wichlinghofen entfernt, kochte jeden Tag für sie und brachte ihnen Essen. Nachdem Herberts Mutter verstorben war, zogen sie in unsere Einliegerwohnung. Nun brauchte ich das Essen nur noch die Treppe runterzubringen, das war natürlich viel einfacher. Auch sonst war es gut, sie so in der Nähe zu haben, denn mein Vater war schon ganz schwer krank und starb ein halbes Jahr nach dem Umzug. Meine Mutter folgte ihm ein Vierteljahr später.

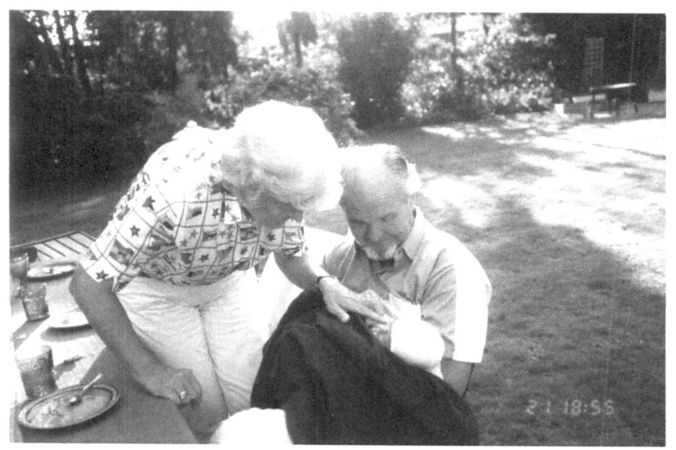

Wir begrüßen mit Lena die neue Generation

Eine Generation starb aus, dafür wuchs eine neue Generation nach: Ende der achtziger Jahre wurde unsere älteste Enkelin Lena geboren, die Tochter von Ralf und seiner Frau Elke. Dirk bekam mit seiner Frau Claudia Mitte der neunziger Jahre Lennart und Theresa. Wie alle stolzen Großeltern genossen wir unsere Enkel, obwohl wir aufgrund der Entfernung nie die Großeltern waren, die regelmäßig aufpassen konnten. Aber unsere Kinder kamen häufig nach Dortmund, wir besuchten sie zu Hause und konnten so ein enges Verhältnis zu den Enkeln entwickeln.

Ich weiß nicht, ob meine Enkel mit daran „schuld" waren, dass ich in diesen Jahren begann, Geschichten zu schreiben, Kurzgeschichten, vor allem Kindergeschichten. Manchmal hatten sie einen religiösen Inhalt, mal basierten sie auf Alltagserlebnissen, die ich gehabt hatte, eine Begegnung mit einem besonders netten Busfahrer oder so. Ich schickte die Geschichten an ein Pressebüro, das sie diversen Zeitungen anbot. Wenn es zu einer Veröffentlichung kam, wurde ich dafür bezahlt. Reich wurde man davon allerdings nicht. Wichtiger als das Geld waren mir die Ausgaben der Zeitungen, in denen die Geschichten gedruckt worden waren. Es gab eine Zeitung in Trier, die so ziemlich alles abdruckte, was ich schrieb, auch das Liboriusblatt in Paderborn nahm die ein oder andere Geschichte an. Anfang des neuen Jahrtausends wurde dieses Pressebüro jedoch an eine Schweizer Firma verkauft, die erstmal modernisieren wollte und genaue Vorgaben machte: So und so viele Zeilen maximal dürfte eine Geschichte haben, so und so viele Zeichen pro Zeile, Beschreibungen raus, action rein – dagegen habe ich mich innerlich total gesträubt und habe mit dem Schreiben aufgehört.

„Ich lebe in meinem Wintergarten."

Seit 2004

2004 wurde bei Herbert Lungenkrebs diagnostiziert. So viele Jahre nach der ersten Krebserkrankung, von der er als geheilt galt, konnte das eigentlich nicht mehr im Zusammenhang stehen. Vielleicht lag die Wurzel dieser erneuten Erkrankung eher in seiner Tätigkeit bei den Vereinigten Asbestwerken Danco-Wetzell, wo er als Einkäufer ständig in der Produktion unterwegs war. Woher auch immer der Krebs kam, er erschreckte uns zutiefst, zumal keine Therapie und keine Behandlung zu helfen schien. Dreimal war er in Hemer in einem Lungensanatorium, keine der Behandlungen schlug an. Ich war verzweifelt. Dirk, der mittlerweile etliche Jahre als Arzt arbeitete, schaute sich einige Monate nach der Diagnose die Röntgenbilder seines Vaters an. „Mama", sagte er mit dankenswerter Offenheit, „die Metastasten sind schon bis zur Herzkammer vorgedrungen. Du musst damit rechnen, dass es bald zu Ende geht."

Und so war es auch. Von der Diagnose bis zu Herberts Tod ist kaum ein Dreivierteljahr vergangen.

Vier Wochen vor seinem Tod konnten wir noch Goldene Hochzeit feiern, nur in engstem Familienkreis, also mit unseren Söhnen, Schwiegertöchtern und Enkelkindern. Auch feierten wir zu Hause, etwas anderes war gar nicht mehr denkbar. Die Feier sollte nachmittags zu Ende sein, damit es nicht zu anstrengend für ihn wurde. Aber da überraschte Herbert uns alle am Festtage damit, dass er heimlich warmes Essen für abends bestellt hatte. Das war ihm ganz wichtig, obwohl er kaum noch vom Wohnzimmer ins Esszimmer gehen konnte.

Mit der gleichen eisernen Disziplin stand er die gesamte Zeit seiner Erkrankung durch, und selbst, als der Arzt ihm zu seinem Schutz ein Gitterbett verordnete, weil er einige Male im Badezimmer hingefallen und nicht mehr alleine hochgekommen war, schaffte er es noch, aufzustehen.

Da war er einfach eisern.

In den letzten Tagen war es so, dass er nicht mehr schlucken konnte, nicht einmal mehr die schmerzstillende Medizin, die ja ganz wichtig war. Die daher notwendigen Spritzen konnte ich ihm nicht verabreichen und er musste in ein Krankenhaus, wo er nach kurzer Zeit ins Koma fiel. Ich war immer bei ihm, von morgens bis abends, mit einer kurzen Unterbrechung mittags, um etwas zu essen, und habe seine Hand gehalten, das war mir ganz wichtig.

Manchmal habe ich dabei ein Buch gelesen, aber nie seine Hand losgelassen.

Vom Kopf her weiß man, dass es zu Ende geht, aber man fühlt das nicht. Die Hoffnung hört niemals auf.

Am vierten oder fünften Tag bin ich zum Mittagessen nach Hause gefahren. Ich war noch keine zehn Minuten dort, da kam der Anruf: „Ihr Mann ist gestorben!" Es hat mir sehr zugesetzt, dass ich im entscheidenden Moment nicht bei ihm war. Ich war untröstlich, doch im Krankenhaus sagte man mir, das sei ganz üblich, das sei sogar die Regel. Auch wenn Angehörige Tag und Nacht am Bett säßen, der Tod erfolge in den paar Minuten, in denen sie zum Badezimmer oder zur Kaffeemaschine gingen.
Mir tat das trotzdem weh, ich hätte mir so sehr gewünscht, bei ihm zu sein, falls er noch etwas fühlte und offensichtlich hat er meine Anwesenheit ja gespürt, wenn das kein Zufall ist, dass er gerade in der Zeit gestorben ist, die ich nicht da war.

Schon lange vor Herberts Krankheit hatte ich begonnen, mich mit dem Thema Sterben zu beschäftigen. Ich bekam in den siebziger Jahren unter anderem die Bücher von Elisabeth Kübler-Ross, später auch von Raymund Moody in die Hand, die über die Erfahrungen von Menschen, die sehr nah am Tod oder sogar klinisch tot gewesen und ins Leben zurückgeholt worden waren, berichteten. Das elektrisierte mich, weil diese Erlebnisse vollkommen mit dem überein-

stimmten, was ich als Kind im Schwimmbad erlebt hatte, als ich nahe am Ertrinken gewesen war. Ich war fasziniert, wie sehr diese Erlebnisse meine eigene Erfahrung wiederspiegelten. Der einzige Unterschied war , dass viele von den für die Bücher interviewten Menschen auch noch eine Lichtgestalt gesehen hatten, das war bei mir nicht der Fall gewesen, vermutlich hängt das mit der Länge der Nahtoderfahrung zusammen.
Das Erlebnis aus meiner Kindheit füllte mich wieder ganz aus und nahm mir die Angst vor dem Tod – vor dem eigenen Tod. Die Trauer über den Verlust eines geliebten Menschen konnte es nicht mildern.

Noch bevor Herbert so schwer erkrankte, hatten wir uns darüber unterhalten, was passierte, wenn einer von uns alleine zurückblieb. Er äußerte kategorisch: „Ich bleibe im Haus." Ich erwiderte spontan: „Ich verkaufe das Haus!" Ich hing zwar sehr daran, weil mich insbesondere die Kinderjahre unserer Söhne mit ihm verbanden, diese waren eine wunderschöne und lebensbestimmende Zeit für mich gewesen. Aber ich wusste, dass Haus und Garten für mich viel zu groß waren, die damit verbundene Arbeit konnte ich alleine gar nicht bewerkstelligen. Der Garten war ohnehin immer mehr Herberts Domäne gewesen, der die Gartenarbeit liebte und als Erholung empfand. Ich hatte ihn unterstützt, aber die Hauptarbeit hatte er

geleistet. Ohne ihn war das für mich nicht zu schaffen. Außerdem lebten mittlerweile sowohl Ralf als auch Dirk mit ihren Familien in Münster. Ahnte ich, dass mich auf längere Sicht vielleicht doch nicht so viel in Dortmund hielt?
Auch der Erlös, den ein Hausverkauf mit sich bringen würde, kam mir sehr gelegen, da das Geld aus dem Verkauf der Firma langsam zur Neige ging. Meine Rente war alles andere als hoch, da wir in der Zeit der Selbstständigkeit nicht mehr für uns in die Rentenkasse eingezahlt hatten.

Zunächst konnte ich mir nicht vorstellen, aus der Stadt, in der ich seit 52 Jahren lebte, sieben davon in der Innenstadt, 45 in Wichlinghofen, wegzuziehen. Ich kannte alles, wusste, in welchem Geschäft ich was bekam, meine Schwester Bärbel lebte dort, ich hatte meinen Schwesternbund, in dem ich aktiv war, den Kirchenchor, hatte Freunde, Ärzte, alles in Dortmund. Daher suchte ich, nachdem ich das Haus mit Hilfe eines Maklers sehr rasch verkauft hatte, eine neue Bleibe in und um Dortmund und fand mit Bärbels Hilfe eine sehr schöne Wohnung in Dortmund-Kirchhörde. Da mein alter Kirchenchor sich gerade aufgelöst hatte, schloss ich mich der Kirchengemeinde in Lücklemberg an und trat als erstes in den dortigen Chor ein, engagierte mich aber auch in der Frauengemeinde, in der ich regelmäßig Referate hielt.

Meine Themen umspannten dabei ein weites Feld. Mein wichtigstes Thema ist und bleibt Nahtod und Sterben. Die Menschen sind immer sehr interessiert, von mir dazu zu hören, weil ich selber eine solche Nahtoderfahrung gemacht habe. Ich habe aber auch etwas ausgearbeitet zur Heilkraft des Lesens, zu Annette von Droste Hülshoff, habe mich mit Hape Kerkelings Buch „Ich bin dann mal weg" und den Schriftrollen von Qumran beschäftigt, mit gesunder Ernährung, alles was mich gerade selber interessierte.

Obwohl ich in Dortmund sehr zu Hause und sehr integriert war, kam mir im Lauf der Zeit der Gedanke: Was ist, wenn ich mal krank werde? Ich kann nicht erwarten, dass meine Kinder jedes Wochenende nach Dortmund kommen. Und trotz der vielen Kontakte in Dortmund überwog irgendwann die Beziehung zu meinen Kindern. Das ist doch für jede Mutter die stärkste Bindung.

Meine Söhne waren gar nicht begeistert von der Idee, dass ich nach Münster kommen wollte. Sie sahen, dass es mir in Dortmund gut ging, dass ich einen großen Freundeskreis hatte und fürchteten, ich würde in Münster vereinsamen. „Mama, überleg dir das gut!", rieten sie mir. Ich überlegte gut und kam zu dem Schluss: Ich will in ihrer Nähe wohnen.

Dirk kannte über seine Tätigkeit als Arzt im münsterschen Stadtteil Wolbeck das Achatiushaus, zu dem auch sogenannte Servicewohnungen gehören. Das sind vollkommen autarke Wohnungen, in denen man selbstständig lebt, und seinen Tagesablauf selber organisiert, aber bei Bedarf bestimmte Hilfen im Alltag wie z.B. Reinigung oder Betreuung buchen kann, und die über ein Notrufsystem mit dem eigentlichen Altenheim verbunden sind.
Er ließ mich dort auf eine Liste von Interessenten setzen und rief mich im Sommer 2009 an, als eine Wohnung frei wurde. Ich kam zur Besichtigung und war sofort bezaubert, vor allem der Wintergarten mit seinem fantastischen Ausblick übers Grüne hinweg zum Kirchturm der St.-Nikolaus-Kirche hatte es mir angetan.
Bis heute habe ich meinen Entschluss nie bereut. Der Kinder wegen bin ich hierhergekommen, aber ich fühle mich auch sonst sehr wohl. Ich habe ganz schnell Anschluss in der Nachbarschaft gefunden und mich gut in die Hausgemeinschaft eingelebt. Offensichtlich profitiere ich im Alter noch einmal von einer Fähigkeit, die ich als Kind im Internat erworben habe.

Ich *wohne* im Achatiushaus, aber ich *lebe* in meinem Wintergarten. Hier esse und trinke ich, hier lese und schreibe ich. Diese knapp zehn Quadratmeter sind mir der wichtigste Teil meiner Wohnung.

Die große Fensterfront nach Süden und Westen öffnet mir den Blick auf den kleinen Fluss „Angel“, der immer still dahin fließt und von schnatternden Enten bevölkert wird, die nur darauf warten, gefüttert zu werden.
Ich liebe den freien Blick auf die Pfarrkirche St. Nikolaus, das einzige Gebäude, das ich zwischen Frühjahr und Herbst, unverdeckt von Bäumen, klar erkenne. Und immer wenn ich hinübersehe, halte ich kurz inne und es geschieht etwas in mir. Es ist wie ein Anflug von Wesentlichkeit und leise flehe ich: „Stärke in mir, Herr, die Sehnsucht nach Dir und die Liebe zu Dir und durch Dich zu den Menschen.“

Dann wandert mein Blick weiter zu meinem Taubenbaum, der sich unübersehbar weit ausladend und immer von Tauben bevölkert im Westen erhebt. Die Wucht des mächtigen Stammes, der sich stark nach Südwesten neigt, fesselt mich immer wieder. Schon früh am Morgen bietet er den Tauben einen Ruheplatz. Gegen Abend, wenn die Sonne untergeht, wird das vom Wetter aufgerissene knorrige Astwerk in warmes Licht getaucht und wieder sind es die Tauben, die sich deutlich als Silhouette gegen den Himmel abheben.
Uralt scheint dieser Baum zu sein und ich stelle mir vor, wie er gewachsen ist. Über viele Jahre hinweg hat er seine Wurzeln tief in die Erde eingegraben und

sich von dorther aufgebaut. Der eingesaugte Saft stieg auf und neue Triebe wuchsen, Blätter und Blüten. Aber eine Baumkrone gibt es bei ihm nicht, jedenfalls keine, die sich bedeutungsbewusst nach oben reckt. Die Krone meines Taubenbaumes neigt sich tief nach unten. Es scheint, als hätten die schweren Äste im Laufe der Jahre die Krone heruntergezogen und somit den mächtigen blanken Stamm nach oben freigelegt, eine störungsfreie Zone zwischen Himmel und Erde für meine Tauben.

Wenn sie irgendwo aufgescheucht werden, flattern sie sofort und ohne Zögern auf den Baum, denn geschützt sind sie dort und getragen. Kein Mensch und kein Lärm kann sie von dort vertreiben. Sie suchen diese Schutzzone auf, als wäre der mächtige Stamm schon immer für sie da gewesen. Es ist wie eine Rückbindung in ein Urvertrauen.

Manchmal beneide ich meine Tauben.